KB266970

머니하이의
예금 탈출 플랜

머니하이의 예금 탈출 플랜

김형철(머니하이) 지음

21세기북스

재테크는 투자가 아니라 구조입니다

재테크를 생각하면, 아마 이런 구조를 먼저 떠올리실 겁니다.

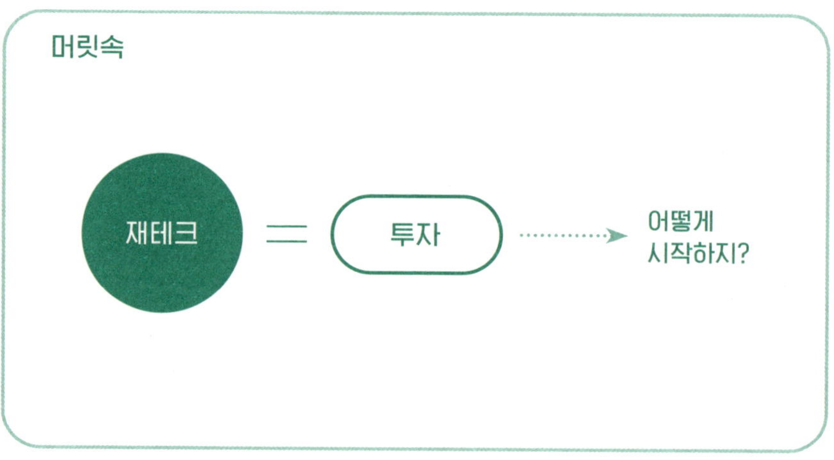

'재테크 = 투자'.

그리고 그 옆에는 이런 질문이 따라 붙습니다.

"어떻게 시작하지?"

사람들 대부분이 여기에서 멈춥니다. 투자는 해야 할 것 같고, 안 하자니 불안하고, 무엇부터 해야 할지는 모르겠습니다. 그러다 결국 유튜브 영상 몇 개를 보다 말거나 주변의 투자 정보만 잠깐 주워듣고 끝을 냅니다. 재테크 초보의 생각은 보통 이 정도에서 맴돕니다.

"투자는 해야 한다는데…."

"주식은 위험하다는데…."

"예금만 하자니 뭔가 부족한 것 같고…."

이 상태에서는 아무리 좋은 상품에 대한 정보를 들어도 투자까지 이어지기가 어렵습니다. 재테크를 '한 번의 선택'으로 여기고 있기 때문입니다. 어떤 주식을 사느냐, 어떤 상품이 더 오르느냐, 지금 들어가도 되느냐 등이 그런 대표적인 생각입니다.

하지만 이 책은 그 질문부터 다르게 보길 권합니다. 재테크는 '무엇을 사느냐'의 문제가 아니라, 어떤 구조로 돈을 관리하고 어떤 순서로 경험을 쌓느냐의 문제입니다. 이 관점이 바뀌지 않으면 투자를 시작해도 불안하고 조금만 흔들려도 금세 포기하게 됩니다.

이 책을 다 읽고 나서, 여러분의 머릿속 그림이 다음과 같이 바뀌었으면 합니다.

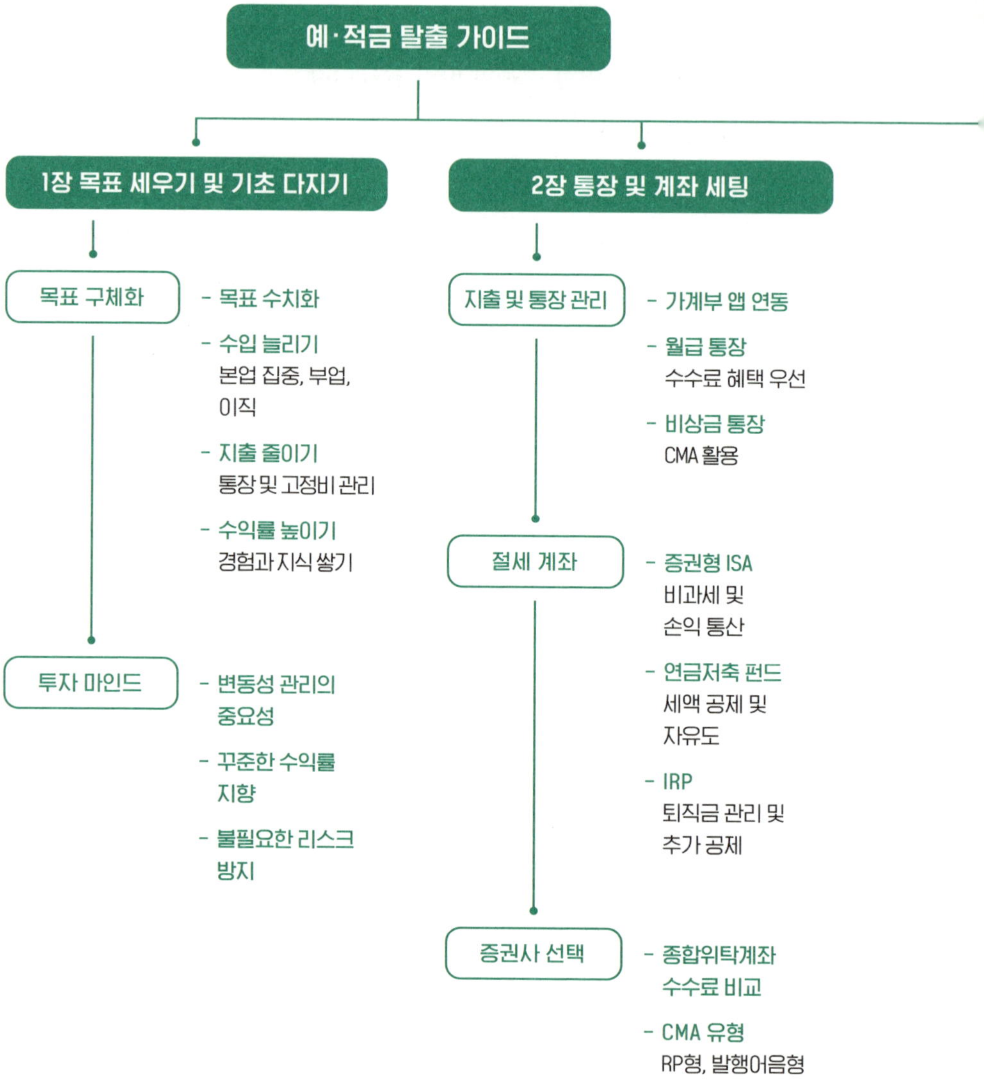

예·적금 탈출 가이드

1장 목표 세우기 및 기초 다지기

목표 구체화
- 목표 수치화
- 수입 늘리기
  본업 집중, 부업, 이직
- 지출 줄이기
  통장 및 고정비 관리
- 수익률 높이기
  경험과 지식 쌓기

투자 마인드
- 변동성 관리의 중요성
- 꾸준한 수익률 지향
- 불필요한 리스크 방지

2장 통장 및 계좌 세팅

지출 및 통장 관리
- 가계부 앱 연동
- 월급 통장
  수수료 혜택 우선
- 비상금 통장
  CMA 활용

절세 계좌
- 증권형 ISA
  비과세 및 손익 통산
- 연금저축 펀드
  세액 공제 및 자유도
- IRP
  퇴직금 관리 및 추가 공제

증권사 선택
- 종합위탁계좌
  수수료 비교
- CMA 유형
  RP형, 발행어음형

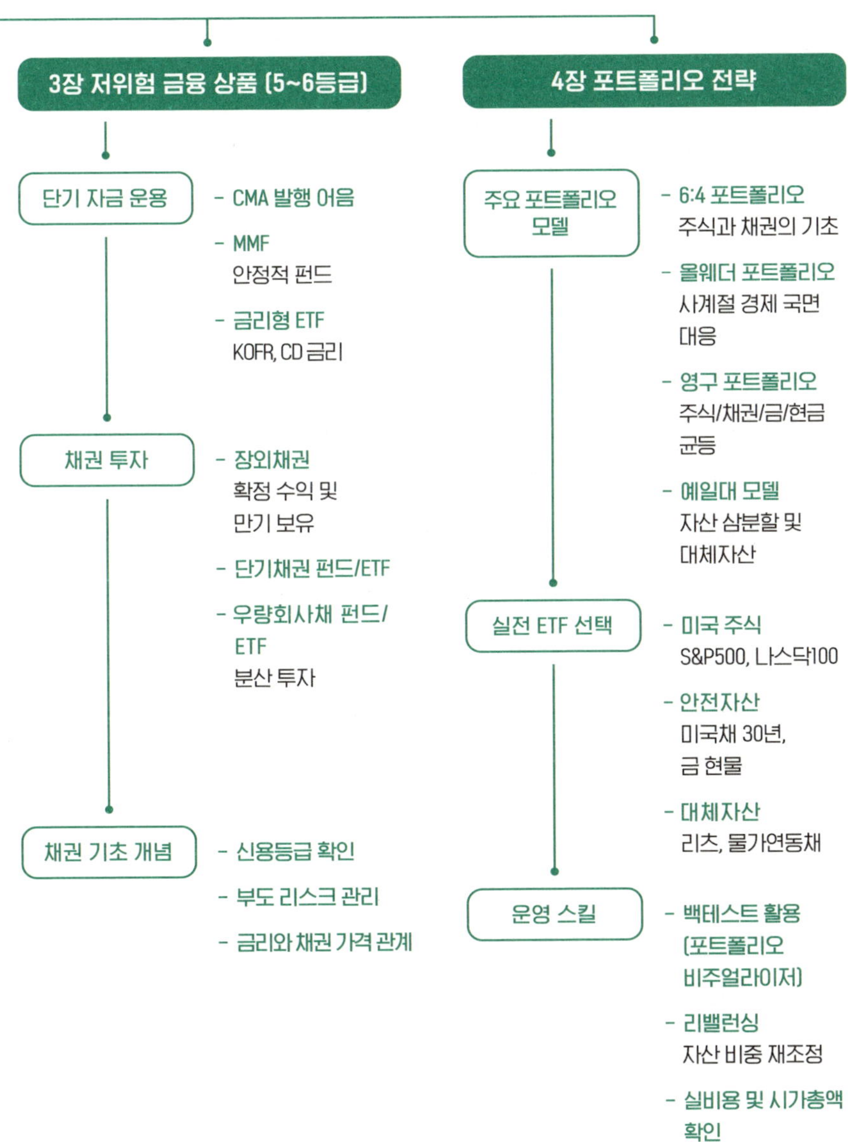

3장 저위험 금융 상품 (5~6등급)
단기 자금 운용
- CMA 발행 어음
- MMF
안정적 펀드
- 금리형 ETF
KOFR, CD 금리
채권 투자
- 장외채권
확정 수익 및
만기 보유
- 단기채권 펀드/ETF
- 우량회사채 펀드/
ETF
분산 투자
채권 기초 개념
- 신용등급 확인
- 부도 리스크 관리
- 금리와 채권 가격 관계
4장 포트폴리오 전략
주요 포트폴리오
모델
- 6:4 포트폴리오
주식과 채권의 기초
- 올웨더 포트폴리오
사계절 경제 국면
대응
- 영구 포트폴리오
주식/채권/금/현금
균등
- 예일대 모델
자산 삼분할 및
대체자산
실전 ETF 선택
- 미국 주식
S&P500, 나스닥100
- 안전자산
미국채 30년,
금 현물
- 대체자산
리츠, 물가연동채
운영 스킬
- 백테스트 활용
(포트폴리오
비주얼라이저)
- 리밸런싱
자산 비중 재조정
- 실비용 및 시가총액
확인

재테크는 더 이상 막연한 '투자'가 아니라 '목표 → 계획 → 계좌 → 상품 → 포트폴리오 → 관리'로 이어지는 하나의 흐름이 되어야 합니다. 목표 없이 돈을 불리는 데만 집중하기보다는 내 상황에 맞게 설계하고, 조정하고, 유지하는 과정으로 보이기 시작해야 합니다.

먼저 목표를 생각합시다. 얼마를 벌고 싶은지보다는 왜 모아야 하는지, 언제까지 돈이 필요한지부터 정리합니다. 그다음으로는 돈이 새는 구멍을 막습니다. 가계부를 쓰고, 통장을 정리하고, 쓸 돈과 모을 돈, 굴릴 돈을 나눕니다.

상품은 그 이후에 등장합니다. 예금만으로는 왜 부족한지, 저위험 상품이 어떤 역할을 하는지, 채권과 ETF가 왜 '연습용 투자'인지를 이해합니다.

그리고 마지막으로 포트폴리오를 짜야 합니다. 이것은 한 번에 크게 벌기 위한 전략이 아니라, 오래 살아남기 위한 구조입니다. 이로써 각각의 포트폴리오 가운데 어떤 것이 나에게 맞는지 스스로 판단할 수 있게 됩니다.

이렇게 생각이 바뀌면 더 이상 "지금 사도 될까요?"라는 질문은 하지 않을 것입니다. 대신 다음과 같은 질문이겠죠.

"이건 내 포트폴리오에서 어떤 역할을 하지?"

"이 자산은 지금 비중이 맞을까?"

"내가 감당할 수 있는 변동성일까?"

이 책의 목표는 여러분을 부자로 만들어주는 것이 아닙니다. 그보다는 훨씬 더 현실적인 목표가 있습니다. 예금에만 머물러 있던 사람을 스스로 판단할 수 있는 투자자로 바꾸는 것. 처음부터 큰돈을 벌지 못해도 괜찮습니다. 하지만 어디에 왜 투자했는지도 모르고, 왜 손실이 났는지도 모른 채

같은 실수를 반복하는 상태에서 벗어나는 일은 투자에서 매우 중요합니다.

이 책을 덮을 즈음에는 여러분 모두에게 재테크가 막연한 일이 아니길 바랍니다. 겁이 나더라도 안전한 투자 방식에 대해 스스로 알고 있는 상태였으면 합니다. 그게 이 책이 여러분께 선물하고 싶은 가장 큰 변화입니다.

2026년 겨울
머니하이

차례

0원부터 시작한
동생의 이야기

왜 나는 동생에게
종목을 추천하지 않았을까

저는 어릴 때부터 돈에 대한 관심이 많았습니다. 이른 나이부터 돈을 벌고 싶었고, 또래 친구들보다 부자가 되고 싶었습니다. 그래서 대학교에 입학하자마자 주식 투자를 시작했습니다. 결과는 처참했습니다. 50% 손실을 보고 투자를 접었습니다.

그로부터 한참 시간이 흐른 뒤, 제 유튜브를 보고 동생이 찾아와서 이런 이야기를 했습니다. "오빠처럼 주식 투자를 해보고 싶어"라고 말입니다. 아마도 동생은 저를 통해 A라는 종목을 추천받아서, 어느 정도 수익을 낸 다음, 매도를 해서 자산이 불어나 있는 상태를 예상했을 것입니다.

추천, 수익, 매도는 아주 간단한 일 같지만 실제로는 그렇지 않습니다. 만약 제가 동생에게 "삼성전자는 우리나라 1등 기업인 데다 반도체 업황이 좋으니까 꼭 모아!" 하고 종목을 추천했다고 가정해봅시다. 2021년에 삼성전자를 사기 시작해 2024년까지 꾸준히 모았다면 어떻게 됐을까요?

【 2020~2024년까지 삼성전자 주가 변화 】

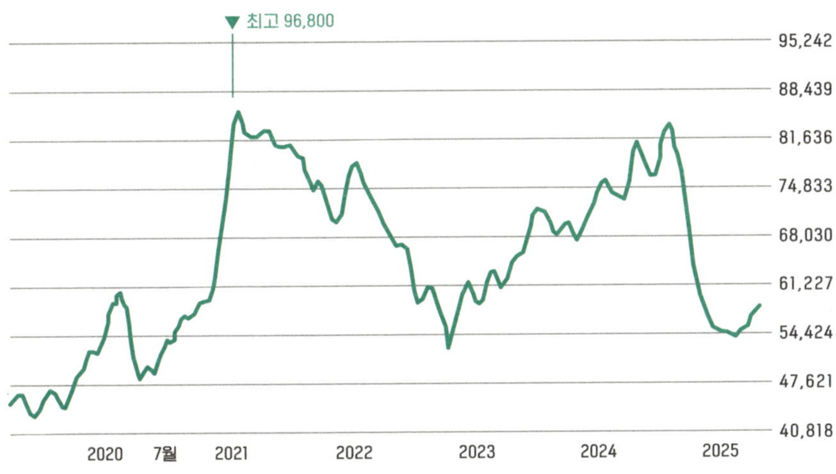

① 주당 8만 원대부터 다달이 모으기 시작합니다.

② 2021년 봄: 10만 전자를 간다는 뉴스가 나오며 계좌가 불어납니다.

③ 2021년 상반기: 오빠에게 고맙다고 이야기를 합니다. "이제 팔까?"라는 고민에 빠집니다.

④ 2022년 여름: 어영부영 팔지 않습니다. 그동안 주가는 지속적으로 하락해 5만 1,000원까지 내려갑니다.

⑤ 2022년 하반기: 주가는 약간 반등했지만, 오빠를 원망하기 시작합니다. "적금이나 할걸" 하고 말입니다. 결국 버티지 못하고 매도 버튼을 누릅니다.

이 과정이 생소한 모습은 아닐 겁니다. 주식을 시작했다는 회사 동료의 3년 뒤 모습일 수도, 가족 중 한 명의 모습일 수도 있습니다. 지인들과 이야기를 하다 보면 1~6번 중 한 과정을 지나가고 있다는 이야기도 듣습니다.

대부분의 노련한 투자자들은 생각하는 과정이 복잡합니다. 여섯 번이 아니라 60번의 과정을 거칩니다. 1번 이전에 삼성전자는 어떤 사업을 하는지, 반도체 업황은 어떤지, 금리 수준은 어떤지, 비슷한 시기의 과거에는 어떤 일이 있었는지, 최소 네 개의 과정을 먼저 밟습니다. 또, 주가가 올랐을 때 언제 매도하는지, 분할 매도를 하는지, 일시 매도를 하는지, 주가가 떨어질 때 멘털 관리는 어떻게 하는지 등 그 외에도 수많은 과정이 추가됩니다.

동생에게 삼성전자의 재무제표를 살펴보라거나, 차트를 분석하라는 등의 이야기를 하고 싶지는 않습니다. 우리는 회계사도, 증권사 직원도 아니니까요. 그보다는 '투자 경험'을 쌓아야 한다는 점을 강조하고 싶습니다.

경험은 어떻게 쌓아야 할까요? 저는 앞서 이야기했듯, 50%의 손실을 겪어보고 본격적인 투자를 시작했습니다. 그렇기 때문에 최대한 안전 지향적인 선택을 선호합니다. 이 관점에서 단계별로 선택하길 권합니다. 비유를 들자면, 초등학교 6학년이 중학교 1학년 과정을 선행 학습하는 정도입니다. 그동안 예·적금만 했다면? 저위험 상품을 먼저 경험해봐야 합니다.

초등학생이 고등학교 수능 문제를 풀어도 찍어서 맞힐 수는 있습니다. 하지만 그럴 확률은 매우 낮습니다. 예·적금만 하다가 갑자기 주식 투자를 시작해도 수익은 거둘 수 있습니다. 하지만 성공할 확률은 매우 낮을 겁니다.

남들의 수익률에
기뻐하지 않아도 되는 이유

수익률 이야기를 하기 전에 잠깐 학창 시절로 돌아가보겠습니다. 어느 날 반 친구가 "야, 나 이번 시험 100점 받았어!" 하고 자랑을 합니다. 그 친구는 매번 50점을 받던 친구였습니다. 어쩌다가 찍기의 신이 강림해 100점을 받은 겁니다. 어떤 친구는 매번 80점대를 유지하고 있습니다. 둘 중 누가 더 좋은 대학에 갈까요? 아마도 평균 80점대인 친구를 꼽는 분이 많을 겁니다. 변동 폭이 좁다는 이야기는 '실력'이 있다는 의미이기 때문입니다.

재테크도 마찬가지입니다. 어쩌다가 고수익을 얻는 것보다 꾸준히 수익을 내는 편이 훨씬 더 중요합니다. 직접 계산해보겠습니다. 계좌에 1,000만 원을 넣었다고 가정해봅시다.

A는 첫 번째로 50% 수익이 나서 1,500만 원을 만들었고, 이후 50% 손실을 보면서 750만 원이 되었습니다. 마지막으로 30% 수익을 보고 975만 원이 됩니다. 결국 처음 1,000만 원보다 25만 원 줄어든 셈이죠. 즉, 최종적으로는 2.5%의 손실이 났습니다.

반대로, B는 3년 동안 매년 20%씩 수익을 냈습니다. 1,000만 원이 1년 뒤에는 1,200만 원, 2년 뒤에는 1,440만 원, 그리고 3년 뒤에는 1,728만 원이 되었습니다. 최종적으로 약 72.8%의 수익을 본 셈입니다.

A는 처음에 50% 수익으로 자랑을 했습니다. 30% 수익을 봤을 때도 자랑을 했을 겁니다. "겨우 20% 수익이냐?" 하고 B를 놀렸을지도 모르고요. B는 의기소침했겠지만 실질적으로 자산은 B가 훨씬 더 많이 불어났습니다. 참고로 워런 버핏의 연평균 수익률은 20~30% 수준으로 알려져 있습니다. 사실 B도 굉장한 수익률을 올린 거죠.

투자는 단발성 이벤트가 아닙니다. '얼마나 꾸준히 굴릴 수 있는가'를 시험하는 마라톤입니다. 잠깐 두 배를 찍더라도 다시 -50%로 급락해버리면, 결국 본전 이상으로 회복하기가 쉽지 않습니다.

그래서 제 동생이라면 다음 두 가지 원칙은 기억했으면 합니다.

① 변동성을 줄이는 게 핵심

'한 번 100%가 오르고, 다시 60%가 떨어지는' 식의 변동이 심하면, 자산은 절대 불어나지 않습니다. 다시 원점, 혹은 그 이하로 돌아갈 확률이 높아지죠. 오를 때마다 자랑은 할 수 있을 겁니다.

② 꾸준한 실력 쌓기가 더 중요

'한 번 폭등으로 100% vs. 매년 10% 정도를 안정적으로 쌓는' 것 중 어떤 방식이 내 성향에 더 잘 맞을까요? 전자가 더 '짜릿'해 보일 수도 있지만, 장기적으로 자산을 묵직하게 키우려면 변동성이 작은 쪽이 훨씬 낫습니다. 매년 100%의 수익을 내는 투자법은 세상에 없고, 그럴싸한 수익 인증 뒤에 반 토막 난 계좌는 생각보다 많습니다. 남들이 얻은 100% 수익에 휘둘리지 말고, 투자 원칙을 지키는 게 결국 승리로 가는 길입니다.

돈이 모이기 시작하는
첫 번째 기술

"계획 있는 바보가 계획 없는 천재를 이길 수 있다." _워런 버핏

투자할 때 가장 피해야 할 일은 불필요한 리스크를 감당하는 것입니다. 따라서 안전 지향인 분들이라면 리스크를 줄이기 위해 목표를 반드시 세워야 합니다. 숫자로 비유해보겠습니다. 연평균 100%의 수익률이 목표라면, 리스크도 100을 감수해야 합니다. 연평균 10%의 수익률이 목표라면, 리스크를 10만 감당해도 됩니다. 다시 말해, 내가 필요한 노후 자금이 10억 원인데 불필요하게 연평균 수익률 100%(리스크 100)를 감당하고 있을 수 있단 이야기입니다.

"돈은 많을수록 좋은 것 아닌가요?"라고 반문할 수도 있습니다. 그럼 게임을 한번 해보겠습니다. 원금 100만 원이 있습니다. 1회 차에 50%의 손실을 봤습니다. 이제 수중에는 50만 원밖에 남지 않았습니다. 여기에서 원금 100만 원을 회복하려면 똑같이 50%의 수익을 보면 될까요? 50×1.5를 하면 75만 원밖에 남지 않습니다. 50%의 손실을 보고 원금을 회복할 때는 100%의 수익이 필요하다는 뜻입니다. 물론 손실률에 따라 원금 회복에 필요한 수익률 역시 달라집니다. 하지만 왜 손실을 더 주의해야 하는지는 알 수 있습니다. 그런 의미에서 투자할 때는 반드시 계획을 세우고, 불필요한 리스크를 줄여야 합니다.

리스크 관리 이외에도 목표를 세워야 하는 두 가지 이유가 더 있습니다.

첫째, 자산은 한정되어 있고 우리는 늘 선택의 기로에 놓여 있기 때문입니다. 여러분은 2만 원으로 책을 읽을 수도 있고, 치킨을 먹을 수도 있습니다. 지식의 성장이 우선인 분이라면 책을 살 겁니다. 먹는 즐거움이 우선인 분이라면 치킨을 살 겁니다. 자산을 불려나갈 때도 마찬가지입니다. A 주식에 투자할지, B 채권에 투자할지 고민된다면 목표를 기준 삼아 결정할 수 있습니다.

둘째, 투자하면서 멘털을 유지하기 위함입니다. 어떤 투자를 하더라도 손실 구간은 반드시 있기 마련입니다. 늘 우상향하는 자산은 없습니다. 예금은 손해가 없는 것처럼 보이지만, 물가상승률이 예금 이율보다 더 높은 상황에서는 실제로 마이너스가 됩니다. 손실 구간에 들어서면 대부분의 투자자들은 멘털이 흔들립니다. 이때 목표가 있다면 좀 더 장기적인 시각으로 상황을 볼 수 있게 되죠. 공무원 시험 공부를 하는 수험생을 생각해보세요. 단기적으로는 학원비를 내고 있으므로 손해 같지만, 장기적으로는 공무원에 합격했을 때 달라지는 인생을 바라보며 버티고 있습니다. 합격이라는 목표가 있으니 단기적인 손실을 견딜 수 있는 것입니다. 투자도 마찬가지입니다. 목표가 있으면 하락장에서도 비교적 냉철하게 대응할 수 있습니다.

이제 왜 목표를 세워야 하는지 이해했으리라 믿습니다. 앞에서 인용한 워런 버핏의 말처럼 계획이 있어야 천재들을 이길 수 있습니다. 지금부터 실제로 무엇을, 어떻게 계획해야 하는지 설명해보겠습니다.

목표 세우기

이 책에서는 한 가지 개념을 배울 때마다 간단하게 복습을 하려고 합니다. 동생에게 직접 알려줘보니 최소한 두 번은 이야기해야 진짜로 바뀌더라고요. 저는 훨씬 더 멍청해서 여러 번 복습해야 합니다. 여러분은 똑똑하니까 두 번만 하셔도 될 겁니다. 읽고, 써보세요.

> **Q.** 목표를 세워야 하는 이유는 무엇인가요?
> 두 가지를 이야기했습니다. 여러분만의 이유도 한번 생각해보세요.
>
> 1.
>
> 2.
>
> 3.
>
> 4.

동기부여가 충분히 되셨나요? 다음 장부터는 목표를 구체화하겠습니다. 계속 강조했듯 본격적인 재테크 전에 목표는 세우는 게 무엇보다 중요합니다. 시험 범위가 덧셈, 뺄셈인데, 미적분까지 공부할 필요는 없잖아요? 목표를 세우는 건 시험 범위를 확인하는 것과 같습니다. 중요한 과정이므로 대충 넘어가지 않도록 여러 번 이야기했습니다. 다음 장으로 가시죠.

목표는 '다짐'이 아니라 '계획'으로

목표를 세우는 기본적인 방법을 먼저 이야기하겠습니다. 학창 시절에 어떤 식으로 공부 계획을 세웠었는지 돌이켜봅시다. "전국 1등을 하겠다", "100점을 맞겠다" 이런 목표는 세우면 안 됩니다. "수학은 어디까지, 영어는 어디까지, 시험 전까지 몇 문제를 풀 것이고, 하루에 몇 시간씩 공부할 것이다" 이렇게 구체적으로 적어야 제대로 된 목표입니다. 저도 목표가 있습니다. 여러분이 이 책을 읽으면서 33가지 챌린지를 완료하는 겁니다.

딱 한 번 목표를 정해두면 계속 써먹을 수 있습니다. MBTI가 P(즉흥)라서 못한다고 하는 분은 없었으면 좋겠네요. 아무리 즉흥적인 성격이더라도 인간의 뇌는 결국 일정 부분은 계획을 하게 되어 있습니다. 아침, 점심, 저녁을 순서대로 살고 있기 때문입니다. 정도의 차이가 있을 뿐입니다.

큰 목표를 설정하고 두세 개의 작은 목표로 분할한 뒤, 캘린더에 넣을 정도로 쪼갭니다. 체지방 10% 감소가 목표라면 이렇게 3분할을 합니다.

① 운동
② 식단
③ 휴식

운동을 캘린더에 넣을 수는 없으므로, 여기서 두세 개로 더 나눠줍니다.

①-1. 주 3회 근력 운동
①-2. 주 1회 5km 달리기

식단도 마찬가지입니다.

②-1. 아침은 샐러드를 먹는다.
②-2. 점심은 회사 식당에서 먹되, 밥은 절반만 먹는다.
②-3. 저녁은 일반식으로 먹는다.

휴식도 마찬가지겠죠?

③-1. 잠은 여덟 시간을 잔다.
…

이런 식으로 쪼개줍니다. 이렇게 세분화한 목표를 본인의 캘린더에 넣는 겁니다. 하루하루 작은 미션을 클리어하면서 그대로 따라가면 큰 목표가 달성될 수 있습니다.

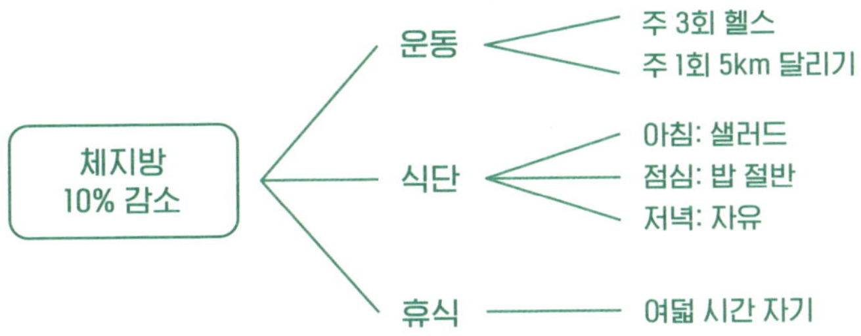

목돈을 모으겠다는 목표도 마찬가지입니다. 다음과 같이 세 가지로 쪼갤 수 있습니다.

① 수입 늘리기

② 지출 줄이기

③ 수익률 높이기

수입을 늘리고, 지출을 줄이고, 수익률을 높이면 목돈을 모으겠다는 목표가 달성되겠죠? 이 책은 예·적금에서 수익률을 한 단계 높이는 것이 목표입니다. 저 세 가지를 모두 담으려면 책 한 권으로는 부족합니다. 다만, 이 책에 소개하는 정도는 최소한의 지식으로 익혀둡시다.

목돈을 만드는
첫 단추는 '수입'

사실 수입 늘리기는 저도 잘 모르는 분야입니다. 하지만 언급은 해두겠습니다. 그래야 계획의 완성도가 높아질 테니까요. 저는 누구보다 돈을 좋아했고, 지난 11년 동안 수입을 늘리기 위해 다양한 노력을 해봤습니다.

① 직장 내에서 수입 늘리기

직장 내에서 수입을 늘리기는 쉽지 않습니다. 다만, 몇 가지 시도해볼 만한 방법은 있습니다. 간단하게는 '초과 근무를 찍을 수 있는가?', '연차 수당을 받을 수 있는가?'와 같은 것들입니다. 가장 쉽고 빠르게 효과를 볼 수 있는 수단입니다. 더 나아가서, 승진의 기회와 업무 성과에 따른 인센티브도 노려보았으면 합니다.

② 부업 찾기

본업에 집중하다 보면 그것에서 파생되는 부업을 시도해볼 수 있습니다. 저는 은행에 다녔으므로 친구들에게 재무 상담을 해주고 1만 원씩을 받거나, 블로그에 재테크 정보를 올리면서 부수입을 벌었습니다. 무슨 업이든지 부업으로 발전시킬 여지가 있습니다. 예시로 몇 개만 적어봅니다. 편의점을 운영한다면 (혹은 아르바이트) 블로그에 상품의 리뷰를 올리고 광고 수입을 얻을 수 있습니다. 사무직이라면 퇴근을 앞당기는 엑셀 활용법, 부장님에게 퇴짜당하지 않는 보고서 쓰는 방법, AI를 활용해 연봉 인상하는 방법… 등을 SNS에 올리고 부수입을 얻을 수도 있습니다. 이런 부업은 본업의 실력을 올릴 뿐만 아니라, 추후에 주식 투자를 하게 되더라도 해당 업에 대한 전문성이 생기므로 특정 섹터에서 남들보다 유리하게 작용합니다.

③ 이직

이직으로 연봉을 크게 올리는 사례도 많습니다. 이직이 어려운 업종도 찾아보면 아예 방법이 없는 것은 아닙니다. 공무원이라고 하더라도, 유사 업계의 일반 회사로 옮기면서 연봉을 크게 높이는 경우도 있습니다.

재테크에 관심이 많다면, 본업에 집중하면서 다른 방식을 통해 수익을 최대화해봅시다. 저는 직장 생활을 하면서 이렇게 생각했습니다. '어차피 여덟 시간 이상 있어야 하는 회사라면, 내가 하는 일과 관련된 범위 안에서 최대한 잘해보자.' 이것이 회사 일에서도 발전할 수 있고, 개인적인 성장도 이룰 수 있는 최적의 목표입니다. 이런 내용을 자신에게 맞는 방식으로 세분화해서 캘린더에 넣길 바랍니다. 부수입 올리기는 제가 잘하는 분야가 아니라 부끄럽긴 합니다. 다만, 재테크에 있어서 수입을 늘리는 것이 빼먹을 수 없는 분야이기 때문에 한 번은 적어봤습니다.

이제 다음 장에서는 지출을 짚어보겠습니다.

소득 늘리기

> **Q.** 현재 여러분의 상황에서 소득을 늘릴 방법은 무엇이 있나요?

> **Q.** 그 방법을 당장 해볼 수 있는 수준으로 쪼개서 캘린더에 넣어본다면?

'줄이는 힘'이
곧 수익률이다

'마시멜로 실험'을 들어보셨나요? 선생님이 아이들에게 마시멜로를 하나씩 주면서 자신이 돌아올 때까지 먹지 않고 참으면 더 많은 마시멜로를 주겠다고 약속했습니다. 어떤 아이는 앞에 놓인 달콤한 마시멜로를 다 먹어버렸고, 어떤 아이는 선생님이 올 때까지 참아 더 많은 달콤함을 맛봤습니다. 미래에 어떤 아이가 더 성공했을까요?

당연히 눈앞의 이득을 참은 아이가 성공했습니다. 지출을 줄이는 것도 마시멜로 실험과 같습니다. 지금 당장 사고 싶은 물건을 산다면 기분이 좋아질 겁니다. 사람은 뇌에 쾌락이 주어지면 같은 행동을 반복하게 되죠. 반면 하고 싶은 일을 지금 당장 참기는 쉽지 않고, 오히려 고통스럽기까지 합니다. 대신, 나중에 더 큰 보상이 돌아옵니다.

보상을 더 극대화하기 위해 몇 가지를 짚어보겠습니다. 지출 줄이기는 다음과 같은 세 파트로 나뉩니다.

① 통장 관리
② 고정 지출 관리
③ 변동 지출 관리

이 내용은 2장에서 자세히 살펴볼 겁니다. 먼저 간단하게 이야기하면, 여러분이 선택할 수 있는 통장의 종류를 알아야 합니다. 생각해보세요. 카페에 메뉴가 아메리카노밖에 없다면 어떻게 할까요? 그럼 꼼짝없이 아메리카노를 마셔야 합니다. 그런데 메뉴가 아메리카노뿐 아니라 바닐라 라테, 라테 등 다양하게 있다면 나에게 최적화된 선택을 하기가 쉬워집니다. 마찬가지로, 재테크를 하려는데 통장이 유치원 때 만든 '어린이 통장' 혹은 군대에서 만든 '나라사랑 통장', 대학교 때 만든 학교 앞 은행 통장 정도밖에 없다면 최적화된 선택을 할 수 없습니다. 이렇게 되면 남들이랑 똑같은 투자를 하더라도 수익률이 낮아집니다. 영문도 모른 채 손해를 보는 셈이죠. 이 책 몇 페이지만 읽어도 그런 사태는 미연에 방지할 수 있습니다.

내 통장 정리하기

이번 챌린지에서는 여러분의 통장을 정리하는 시간을 갖겠습니다. 대한민국에서 자랐다면 자연스럽게 만들어지는 통장들이 있습니다. 지금은 한두 개밖에 떠오르지 않더라도 말입니다.

Q. 여러분이 가진 통장을 전부 나열해보세요.

Q. 안 쓰는 통장이 있나요?

당장 대답하기 힘드시죠? 방법을 알려드리겠습니다. 30초만 그대로 따라 하세요.

❶ '계좌정보통합관리서비스'에 들어갑니다. 국가에서 운영하는 곳이니 안심하셔도 됩니다 (https://payinfo.or.kr/payinfo.html).

❷ '내 계좌 한눈에' 메뉴를 클릭합니다. 왼쪽 아래에 보이시죠?

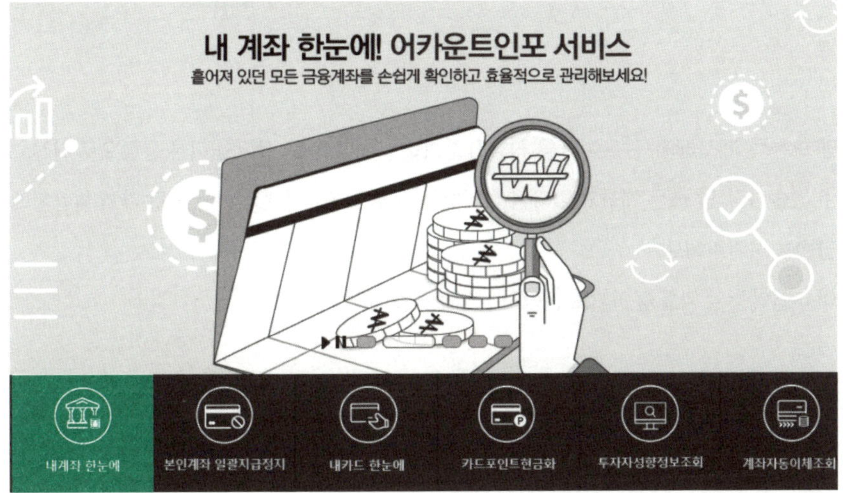

❸ 인증 후 로그인을 하면 모든 은행 계좌를 확인할 수 있습니다.

은행명	구분	수시입출금식	정기 예.적금	신탁	ISA·펀드 등	외화	합계	상세조회
하나은행	비활동성계좌	-	-	-	-	-	1건	조회
	활동성계좌	1건	-	-	-	-		
NH농협은행	비활동성계좌	1건	-	-	-	-	2건	조회
	활동성계좌	-	1건	-	-	-		
SC제일은행	비활동성계좌	1건	-	-	-	-	1건	조회
	활동성계좌	-	-	-	-	-		
국민은행	비활동성계좌	1건	-	-	-	-	1건	조회

❹ 우측의 조회를 클릭해 무슨 통장인지 확인합니다. 통장에 남아 있는 돈도 확인할 수 있습니다.

	은행명	지점명	개설일	잔고	만기일	부기명	오픈뱅킹 등록여부	본인계좌 일괄지급 정지상태	계좌해지 잔고이전
	계좌번호	상품명	최종입출금일		회차	비고			
● 활동성계좌									
1	하나은행	신월동 (출)	2024.04.30	768	-	-	Y	N	대상아님 (활동성계좌)
	369910712**07	네이버페이 머니 하나 통장	2025.12.01		-	-	확인하기		
	합계			768					

맨 오른쪽 '계좌해지/잔고이전'을 신청하면 계좌를 해지하고, 잔고를 다른 통장으로 이전할 수 있습니다. 안 쓰는 계좌가 있다면 정리하는 게 좋겠죠? 이제 다시 p.34로 가서 챌린지에 답변을 남겨주세요.

이 다음에는 수익률 높이기도 간단히 살펴보겠습니다.

수익률을 쪼개면
계획이 된다

투자를 안 해봤다면 수익률 높이기 파트를 쪼개기가 힘드실 겁니다. 커피 한잔도 안 만들어본 사람에게 카페 창업에 대한 계획을 세워보라고 하면 막막한 것과 마찬가지입니다. 수익률을 높이는 법은 뒷부분에서 구체적으로 이야기할 예정이므로 여기서는 간단하게 쪼개보겠습니다.

① 경험해보기

의외일 겁니다. 무슨 정보부터 찾으라는 게 아니라 경험을 해보라니까 말입니다. 우리는 학교에서 문제를 풀고, 정답을 찾는 훈련을 해왔습니다. 그런데 현실 세계에는 정답이 없습니다. 늘 쉽게 비유하는 것이 운전입니다. 운전을 배울 때 필기가 중요할까요, 실기가 중요할까요? 99%의 사람이 실기라고 답변할 겁니다. 마찬가지로 투자에서도 매수와 매도라는 경험을 최대한 많이 쌓아야 합니다. 그래야 투자라는 운전을 잘하게 됩니다. 혹시나 해서 강조하지만 매수뿐 아니라 매도까지입니다. 이 부분도 계획에 포함하길 권장합니다. "XX 투자하고 매도해보기", "OO 몇 번 매도하기"처럼 말입니다.

② 분산 투자하기

뒤에서 직접 해보겠지만, 분산을 많이 하면 수익률이 낮아집니다. 저희는 처음에 손실률이 적은 투자로 시작해서 점차 수익률이 높은 투자로 나아갈 예정입니다. 이 과정을 거치면서 투자할 상품 분석, 혹은 포트폴리오 분석을 해봅시다. 여기에서도 더 쪼개서 계획을 세운다면 "포트폴리오 몇 개 분석해보기", "OO투자 상품 열 개 분석해보기"처럼 만들어보면 좋겠습니다. 뒷부분에 구체적인 예시를 적어두었습니다.

③ 지식 쌓기

이 책을 수능 기본서처럼 열 번, 스무 번 읽을 필요는 없습니다. 이 책은 재테크 기초 중의 기초입니다. 지금까지 예·적금만 하셨다면 각 장마다 나와 있는 챌린지만 따라가면 끝납니다. 이후부터는 본격적인 투자 책들을 찾아서 읽으셨으면 합니다. 지면에 쓰려면 너무 길어질 것 같아 책과 관련해서는 유튜브 영상으로 따로 정리해두겠습니다.

내 수익률 높이기

Q. 여러분은 수익률을 높이기 위해 앞으로 어떤 계획을 세우실 건가요?
쪼개서 생각해보세요.

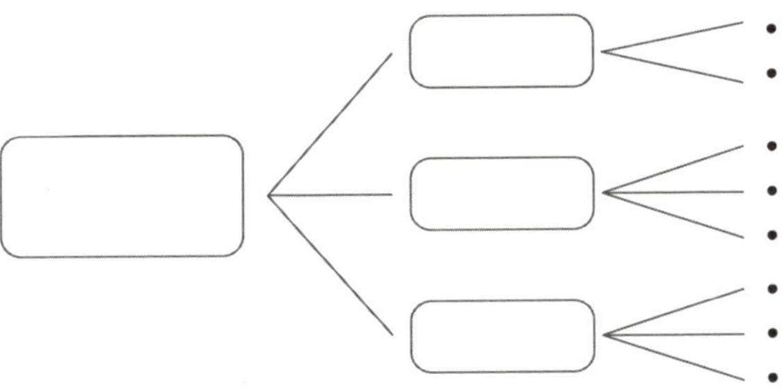

예시)

이렇게 쪼개보자. 그리고 매일, 매주 확인하자.

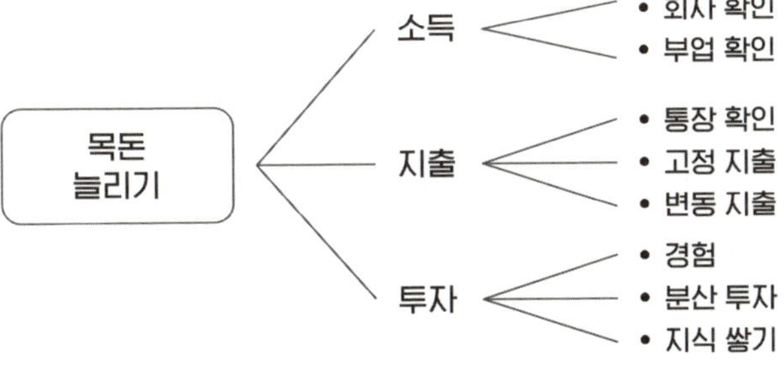

지금까지 살펴본 것처럼, 목돈 모으기라는 거창한 목표도 결국은 '소득, 지출, 수익률' 세 가지로 나누고, 다시 세부 실천 항목으로 쪼개서 살펴보면 해야 할 일이 명확해집니다. 캘린더에 넣을 정도로 잘게 쪼개놔야겠죠?

여기서 제가 걱정하는 것은 계획대로 잘 되지 않는다고 해서 쉽게 포기해버리는 겁니다. 계획대로 100% 달성하지 않아도 괜찮습니다. 대부분은 그냥 유튜브만 보고 "그렇구나" 하고 넘어갑니다. 잘게 쪼갠 내용 중에서 하나만 실천해도 남들보다 앞서가는 겁니다. 시도해보면서 너무 무리라고 판단되면 수정하기도 하고, 좀 널널하다면 다른 것들도 해보면 됩니다. 천천히 하세요. 하나만 더 살펴보겠습니다.

목표까지 남은 거리를
숫자로 계산하라

본격적으로 재테크를 시작하기에 앞서 목표를 생각해보는 시간을 가졌으면 합니다. 대부분의 사람들은 목표에 대해 생각하지 않습니다. 목표를 말해보라고 하면 '5년 뒤, 1억 모으기' 정도로 뭉뚱그려서 이야기를 합니다. 유튜브도 그런 주제로 만들면 조회 수가 잘 나오니까 다들 1억 모으기가 중요하다고 착각하게 됩니다. 그런데 정말 1억 원만 모으면 재테크가 끝나나요? 조금만 더 생각해보면, 그 안에 숨어 있는 다른 목표가 있습니다.

결혼을 하고 싶다, 노후에 안정감을 얻고 싶다, 내 집을 갖고 싶다, 하고 싶은 일을 하면서 살고 싶다, 부모님에게 무언가 해드리고 싶다 등. 이런 목표를 돈으로 바꿔서 생각해보는 시간을 가졌으면 합니다.

결혼을 하고 싶다면 얼마를 모아야 할까?(상대방과 이야기해봄), 노후에 안정적으로 생활하려면 얼마가 필요할까?(뒤에 나옴), 내 수준에 맞는 집은 어디에 사야 할까?(네이버 부동산 검색해봄), 하고 싶은 일을 하는 데는 얼마가 필요할까?, 부모님에게는 뭘 해드리면 좋아하실까?

첫 번째 질문에서 꼬리에 꼬리를 물고, 다섯 번은 질문하고 답해봐야 합니다. 숙고의 과정이 끝나면 이제 계산을 할 차례입니다. 다시 한번 말씀드리지만, 생각이 먼저고 계산이 나중입니다.

① 내 현금흐름부터 체크합니다.

먼저 월급(또는 수입)과 지출을 파악합니다. 그 차이가 '저축과 투자 가능액'이 되겠죠(예: 월급 300만 원, 지출 200만 원 → 월 100만 원 투자 가능). 최소 3개월은 가계부(또는 토스·뱅셀 등)로 수입과 지출을 기록해보면 확실한 숫자가 나옵니다. 이전 파트에서 이야기했죠?

② 수익률을 '네이버 적금 계산기'로 계산합니다.

복잡한 공식보다는 적금(적립식) 계산기를 쓰면 편합니다(예: 매달 100만 원씩 5년, 연이율 5% 가정 시, 원금 + 이자 약 6,600만 원대). "오, 5년이면 이 정도를 모을 수 있구나" 하고 계획을 세워볼 수 있습니다. 요즘에는 웹이나 앱에서 바로 계산해주니 어려운 수식은 몰라도 됩니다.

그냥 대충 읽고 넘어가면 감으로 살아가게 됩니다. 실제로는 아무것도 해보지 않고, 뇌피셜로만 생각하면서 남 탓만 하게 됩니다. 하나씩 계산해보고, '정말 안 되는 건가? 다른 방안은 없나?' 고민하다 보면 분명히 방법이 있습니다. 10분만 투자해서 계산해보면, "오, 의외로 금방 모이네!"라고 할 수도 있고, "어, 이건 10년을 모아도 부족한데?" 하고 금세 깨달을 수도 있습니다. 그럼 나에게 맞는 수입, 지출에 따른 투자 방향을 잡을 수 있습니다.

재테크 목표
구체적으로 설계하기

Q. 여러분의 재테크 목표는 무엇인가요?

Q. 그 목표를 달성하려면 어떻게 해야 할까요?
수입, 지출, 투자로 쪼개서 생각해보세요.

◆ 수입:

◆ 지출:

◆ 투자:

수입, 지출, 투자,
어디까지 해야 할까?

월 100만 원을 받는 알바생이 있습니다. 이 친구는 취업을 하면 월급 250만 원 구간으로 크게 퀀텀 점프할 수 있습니다. 수익률로 따지면 250%에 해당합니다. 이런 경우에는 투자보다 수입을 늘리는 일에 집중해야 합니다. 마찬가지로, 투자·소득·지출 각각의 분야는 어느 구간까지 반드시 달성해야 하는 수치가 있습니다.

저는 한때 카드론을 사용하면서 원룸에 살았습니다. 그동안 냉장고 파먹기, 에어컨 안 틀기 같은 짠테크의 끝판까지 해봤습니다. 정규 수입도 직업군인부터 시작해서 대기업 영업관리, 은행, 그리고 유튜브까지 늘려봤습니다. 이 경험을 바탕으로 제안합니다. 진짜 친동생이라면 다음과 같은 목표를 세우라고 권할 것 같네요.

① 월 소득의 50%까지는 아껴야 합니다.

물론 '소득 절반 아끼기'가 당장은 안 맞을 수도 있어요. 현실적으로 '월세 + 보험 + 통신 + 카드값' 등 고정비가 너무 많거나, 이미 육아와 교육비 지출이 큰 분도 있을 것입니다. 그래도 '내가 도달하고 싶은 목표치'라는 뜻으로 아주 천천히라도 투자 목표를 40% → 45% → 50%에 가깝게 만들어보자는 겁니다. 한 번에 되지 않아도 괜찮습니다. 처음부터 50%를 강박처럼 붙들 필요는 없지만, "내 소득 중 절반은 미래를 위해 쓴다"라는 마인드가 잡히면 자산이 훨씬 빠르게 불어납니다. 소득이 월 300만 원이라면 150만 원을 저축과 투자에 쓸 수 있고, 매년 1,800만 원씩 굴릴 수 있다는 의미이기 때문입니다.

처음에는 가계부를 써야 합니다. 앞서 계속해온 이야기입니다. 그 이후에는 쓸데없이 매달 빠져나가는 고정비부터 줄여야 합니다. 월정액 서비스, 통신비, 관리비부터 살펴봅시다.

마지막으로, 50%가 현실적으로 말도 안 되는 분들이 있을 겁니다. 주택담보대출을 갚기 시작한 지 얼마 안 된 신혼부부, 아이가 대학(유학)에 들어가는 중장년층이 그렇습니다. 그런 분들도 상황에 맞게 점검해보면 됩니다. 50%는 대한민국 모든 사람에게 무 자르듯 권하는 수치가 아닙니다.

② 투자는 연평균 수익률 7~8% 수준은 달성해야 합니다.

저위험 상품을 이용하면 수익률을 연평균 5% 수준까지는 올릴 수 있습니다. 소득에 따라 다르겠지만, 아쉽게도 5%는 노후 대비까지는 어려운 수치입니다. 그렇다면 추가 수익은 이 다음 단계인 포트폴리오 투자로 가능합니다. 포트폴리오만 잘 구성하면 연평균 7~8% 수익을 실현할 수 있습니다. 여기에서는 분산 투자(중위험)가 주요 전략입니다. 예를 들어, 국내외 주식형 ETF, 채권 및 리츠를 같이 투자합니다.

대부분의 선진국(미국, 영국, 호주 등)은 연금의 연평균 수익률이 7~8%입니다. 우리나라만 예금으로 연금을 굴리기 때문에 연평균 수익률이 3%를 넘지 않습니다. 8% 포트폴리오를 갖춘다면, 노후가 크게 불안하지 않게 됩니다. 매월 100만 원씩 30년간 8%로 투자금을 굴리면 약 13억 원을 만들 수 있습니다. 이 책에서는 이 부분까지 다룰 예정입니다.

③ 소득은 월 300만 원까지는 높이길 권장합니다.

최근 통계를 보면 2024년 직장인 평균 연봉은 약 4,200만 원으로 나타났습니다. 세전 기준 월 350만 원 정도로, 각종 공제나 세금 등을 떼면 실수령액은 월 300만 원대 초반이 되겠죠. 한마디로, 대한민국 직장인의 '평균 구간'쯤 되는 소득이 필요하다는 의미입니다. 현재 소득이 평균값이 아니라고 해서 낙심할 필요는 없습니다. 이 평균값에는 40대, 50대의 연봉도 포함되어 있습니다. 20대에 연봉 3,000만 원을 받고, 40대에 6,000만 원을 받는다면, 평균은 4,500만 원이 됩니다. 여기에서 승진을 더 앞당기면 평균이 올라가겠죠?

300만 원이 목표인 이유는 또 있습니다. 저도 ROTC로 월급 150만 원을 받았을 때와 전역 후 월급 300만 원을 받았을 때, 투자 여력이 확연히 달라졌습니다. 젊은 분들 중에 월급이 아직 적은 사람이라면 청년 지원 정책을 이용하는 방법도 추천합니다. 이것 역시 뒤에서 한 페이지로 정리해두겠습니다. 이미 월 400, 500만 원을 버는 분도 있을 겁니다. 그럼 더욱 좋습니다. 이때는 소득 늘리기가 아니라 지출을 좀 더 줄이거나 수익률을 높이는 데 집중해야 합니다.

여기까지 하면 어느 정도 정리가 되었을 겁니다. 본격적인 재테크를 시작하고 싶은 시점까지는 세 파트를 전부 레벨업해둬야 합니다. 책에 언급한 정도까지 노력하다 보면 본인이 선호하는 지점을 알게 됩니다. 어떤 분은 투자를 재밌어하고, 어떤 분은 소득을 늘리는 걸 좋아합니다. 또 어떤 부부는 아내가 버는 걸 좋아하는 반면, 남편은 아끼는 걸 좋아하는 경우도 있었습니다. 자신의 선호도에 따라 가장 알맞은 방식으로 수입, 지출, 투자의 밸런스를 맞춰둬야 합니다.

소득 대비 지출 계산하기

> **Q.** 여러분은 지출을 얼마나 아끼고 있나요?
> 소득 대비 30%? 50%? 70%?

> **Q.** 여러분의 현재 연평균 수익률은 얼마인가요?

투자가 아니라
통장부터 만드세요

당신의 돈이 안 모이는
당연한 이유

"이번 달에 얼마를 썼는지 모르겠어요." "저축 가능한 금액이 얼마인지 모르겠어요." "투자는 얼마씩 해야 할까요?" "최소 저축 금액이 얼마인가요?"

혹시 이런 질문에 공감하셨나요? 그럼 저는 늘 이렇게 답변합니다. 남들이 얼마나 저축과 투자를 하는지는 두 번째 문제입니다. 그보다 내가 얼마나 저축할 수 있는지가 중요합니다. 그래서 가장 먼저 가계부를 써야 합니다. 내 상태를 파악하기에 아주 효과적이거든요. 10초면 지출이 전부 파악됩니다.

가계부를 쓰는 것에는 여러 방법이 있습니다. 실물 가계부 사기, 엑셀로 만들기, 다른 사람과 함께 쓰기 등. 경험상 앱으로 쓰는 가계부가 제일 편했습니다. 접근성이 높으면 일상생활에 스며들기 좋습니다. 가계부는 한 달 쓰고 버릴 게 아니라 계속 써야 합니다.

따라서 앱으로 쓰는 걸 강력 권장합니다. 20대든 70대든 상관 없습니다. 스마트폰을 사용하고 있다면 가계부는 앱으로 쓰세요. 가장 먼저 '토스'와 '뱅크샐러드'가 떠오르네요. 왜 토스냐? 직관적이고, 무료이며, 몇 가지 계좌만 연동하면 확인이 간단합니다. 은행, 증권사, 보험사 등을 공인인증서 확인만으로 전부 등록해주고 알아서 내역까지 긁어옵니다. 여기서 파악해야 할 정보는 '내가 생활비를 얼마나 쓰는지?'입니다. '무리 없이 줄일 수 있는 금액인가?'도 판단할 수 있습니다.

가계부의 효과

① 무리 없는 저축량을 스스로 판단할 수 있습니다.

② 투자 시 금액과 비율 기준을 결정할 수 있습니다.

③ 카드 발급 시 나에게 맞는 선택을 할 수 있습니다.

④ 비상금의 수준을 결정할 수 있습니다.

한 번 더 강조합니다. 제발 가계부를 써주세요. 간단하게라도 가계부를 쓰지 않으면 재정 상황이 제대로 파악되지 않습니다. 저는 이런 경우를 많이 봤습니다. 자산이 쌓이지 않는 이유는 과소비 성향 때문인데, 투자가 안 돼서라고 생각하는 경우가 있습니다. 내 탓이 아니라 남 탓을 하는 겁니다. 이러면 발전이 없습니다.

가계부 앱 활용하기

가계부 앱을 설치해서 모든 계좌를 연동하셨나요?

❶ 3개월 동안의 평균 소비 금액을 확인합니다.

❷ 월급에서 소비를 뺀 값을 구합니다(저축액).

❸ 소비 중에서 고정적으로 나가는 지출과 유동적으로 나가는 지출을 구분합니다.

아래에 적어볼까요?

◆ 월 평균 소비 금액:

◆ 저축액:

◆ 고정 지출:

◆ 변동 지출:

돈에 관심이 없으면 돈이 모이지 않습니다. 이건 기본 상식입니다. 가만히 뒀는데도 알아서 잘 되는 건 없습니다. 식물을 집 안에 들였습니다. 아무런 관심을 주지 않으면 식물은 어떻게 될까요? 회사에 후배가 입사했습니다. 아무도 신경을 써주지 않으면 후배는 어떻게 될까요? 부모가 자식에게 관심이 없습니다. 자녀들의 미래는 어떻게 될까요?

김승호 님이 쓴 『돈의 속성』에는 "돈을 소홀히 다루면 멀어지고, 돈을 소중히 다루면 가까워진다"라는 이야기가 나옵니다. 소중히 다루는 건 관심을 준다는 의미입니다. 돈의 성격에 따라서 다음과 같이 나눠봅시다.

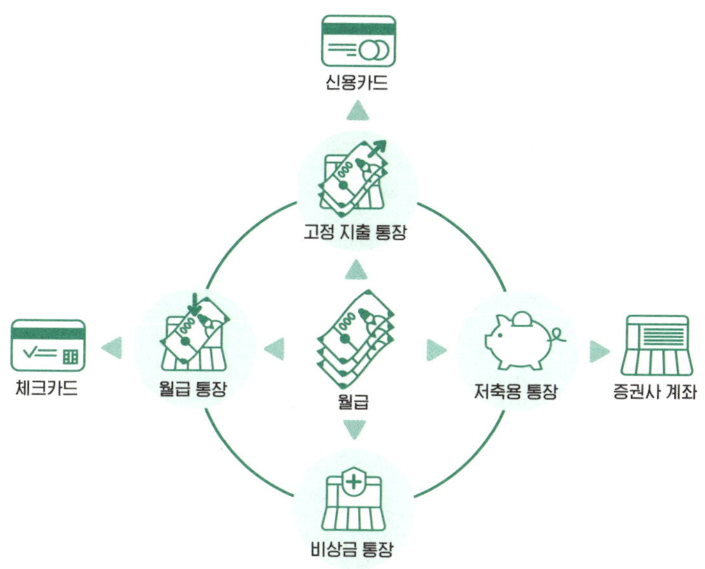

머릿속으로 '매주 한 번씩 식물에 물을 줘야겠다'라고 마음먹었습니다. 그러면 매주 잊어버리지 않고 잘 관리할 수 있을까요? 물론 그런 사람도 있을 겁니다. 하지만 대다수의 초보 식물집사들은 이를 금세 까먹고 식물을 멀리 보내줄 겁니다. 그럼 금세 흥미를 잃겠죠. 저라면 결심만 하는 대신 자동으로 물을 주는 '자동 급수기'를 사서 설치하겠습니다. 일주일 뒤의 저를 믿지 않거든요. 식물 키우기를 업으로 하지 않는 이상 대부분이 그렇습니다.

마찬가지로, 재테크를 처음 시작할 때는 자동 급수기를 만들어줘야 합니다. 쿠팡에서는 안 팝니다. 은행과 증권사 앱에서 전부 가능합니다. 책을 읽으면서 지금 바로 휴대폰 은행 앱에 들어가보세요. 메뉴(三)를 누르고, 검색창에 '자동이체'를 검색해서 지정할 수 있습니다.

그럼 이제 뭘 설정해야 할까요? 다음 그림에서 화살표는 반드시 자동이체해야 합니다. 가능한 한 월급날에 곧바로 자동이체되도록 설정하길 권장합니다.

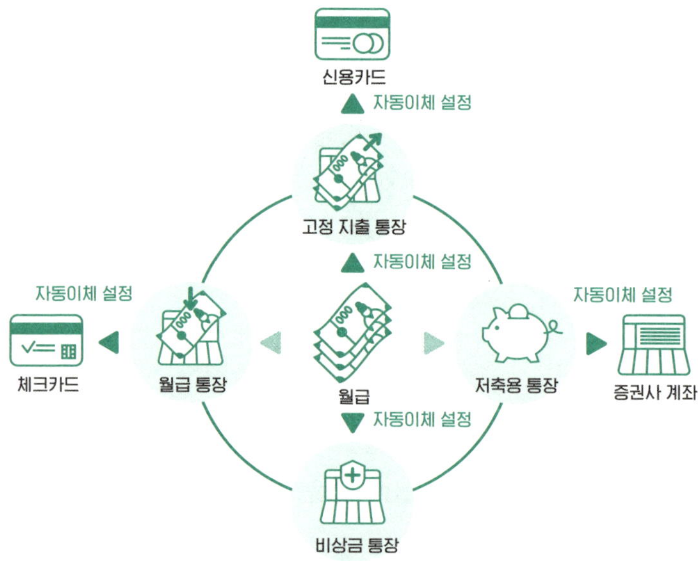

"그림을 봐도 무슨 통장을 만들어야 할지 모르겠어요"

저도 이해합니다. 이번 챕터에서 어떤 통장이 필요한지 파악했다면, 다음 장부터는 상품을 하나씩 알아보겠습니다.

"니 말은 이해했다. 근데 난 자동이체 설정 귀찮고, 그냥 매달 알아서 하겠다."

어쩔 수 없습니다만, 우리는 저축에서 멈추지 않을 겁니다. 점점 재테크 실력을 늘려나갈 예정입니다. 투자는 에너지가 드는 일입니다. 이 책을 보는 분들은 대부분 하루에 여덟 시간 이상 업무를 해야 하는 직장인, 자영업자, 사업가들일 겁니다. 본업에 하루 종일 시간을 쏟고 돌아와서 투자를 위해 또 시간을 쓴다? 쉽지 않은 일입니다. 최대한 생각하는 에너지를 아껴야 합니다. 신경을 써야 하는 일은 최소화해야 한다는 이야기입니다. 그렇게 아낀 에너지는 투자 판단에 써야 합니다.

'의사결정 피로'에 관한 연구가 있습니다. '판사들은 오전과 오후 중에 언제 가석방을 많이 할까?'에 대한 통계를 낸 것입니다. 오전에는 의사결정을 많이 하지 않은 상태고, 오후에는 의사결정을 많이 한 이후겠죠. 연구 결과, 오전에는 약 65%의 가석방을 결정했지만, 시간이 지날수록 결정률은 0%에 수렴했습니다. 우리도 자산을 잘 불리기 위해서는 의사결정 피로를 최대한 줄일 필요가 있습니다. 자동이체는 그중 하나의 방법입니다. 다시 한번 강조합니다. 자동이체를 안 하면 피로해지고, 돈 불릴 기회를 놓칠 수 있습니다. 아주 쉬운 일이므로 지금 해두세요.

99%가 방치하는
이자 0.1%짜리 '깡통 통장'

아무 기능도 없는 통장이 있습니다. 99%가 가지고 있는 일반 통장입니다. 이 통장은 특별한 기능이 없습니다. 1년에 한 번쯤 이자를 몇 십 원 정도 줄 뿐입니다. 수익률을 확인해보면 0.1% 혹은 0.01%로 표기되어 있습니다. 말 그대로 깡통입니다. 여러분의 통장이 깡통 통장인지 확인해봅시다. 맞다면 기능이 있는 통장으로 바꿔줘야 합니다. 더 이상 설명이 필요 없습니다. 바로 챌린지를 하겠습니다.

챌린지 08

❶ 은행 앱에 들어갑니다. 대부분 아래처럼 내 계좌가 보일 겁니다.

오른쪽 위 ⋮ 표시를 눌러줍니다.

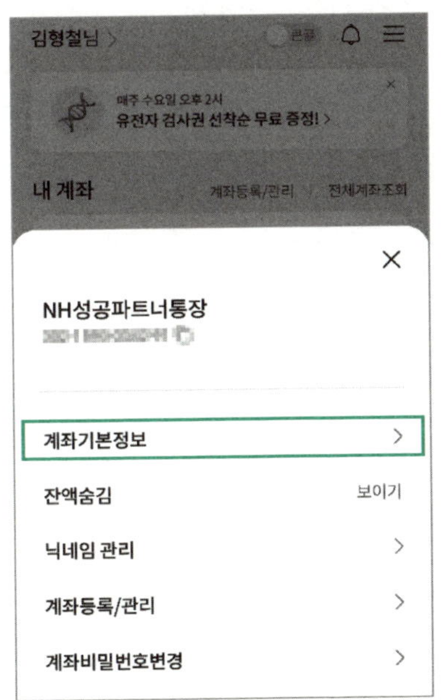

❷ 여러 메뉴 중에서 기본 정보를 확인합니다.

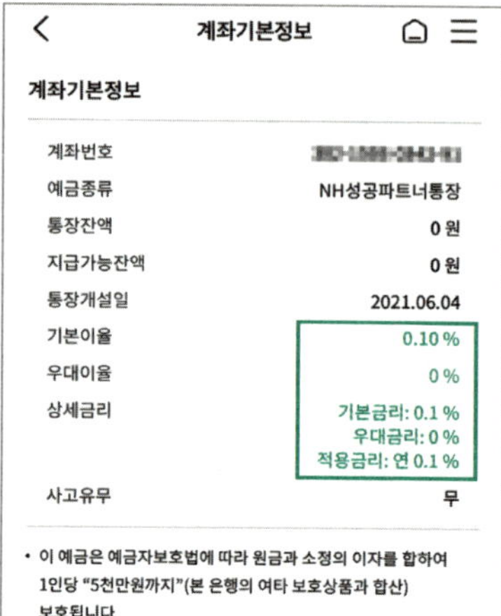

❸ 이율이 0.1% 혹은 0.01%라면 깡통 통장입니다.

> **Q. 여러분이 주로 사용하는 통장은 깡통 통장인가요?**

스쳐 지나가는 월급을 붙잡는
첫 번째 관문

가장 첫 번째는 월급 통장입니다. 월급 통장은 입사와 동시에 개설하므로 많은 사람이 그대로 사용합니다. 고를 수 있다면 합리적으로 선택해야 합니다. 각 은행에서는 월급 통장도 상품으로 내놓는데, 그 경쟁이 아주 치열합니다. 고객이 월급 통장을 어떤 은행으로 정하면, 그 은행에서 대출도 받고 다른 상품도 가입할 확률이 올라가기 때문입니다. 따라서 우리는 가장 혜택을 많이 주는 상품으로 골라야 합니다. 저축은행도 1년 차를 위한 상품이 있고, 증권사도 있습니다. 그러나 우리는 추후에 주택 마련을 위해 대출이 필요합니다. 대출 금리는 1금융권이 가장 저렴합니다. 그래서 되도록이면 다섯 개 시중은행 중에서 월급 통장을 골라야 합니다. 입출금통장 사용 여부도 대출 금리에 영향을 미칩니다.

월급 통장을 고를 때 가장 중요한 조건은 '수수료'입니다. 월급 통장에서 또 다른 통장으로 자동이체를 할 일이 많기 때문입니다. 만약 이체 때마다 1,000원씩이 부과된다면 엄청난 낭패입니다. 그 어떤 것보다 수수료가 중요합니다. 그다음이 '부가 혜택'이고, 마지막이 '이자'입니다. 이자가 마지막인 이유는 이 통장에 돈을 거의 남기지 않을 계획이기 때문입니다. 다 이체시키고 용돈 정도만 남길 거니까요. 아무리 이자가 2~3%라고 해도, 실제로 받을 돈이 적습니다. 아래 표를 먼저 참고해주세요.

1금융권 5대 은행의 월급 통장을 비교했습니다. 다만 시중 은행의 상품과 금리는 수시로 바뀔 수 있으니, 가입 전에 반드시 각 은행 공식 홈페이지나 앱에서 최신 기준을 직접 확인해보기 바랍니다. 대부분 월급 통장으로 비교해보면, 사회초년생 전용 통장이 나올 확률이 높습니다. 나머지 주거래

【 1금융권 5대 은행 월급 통장 비교 】

	국민	신한	우리	농협	하나
상품명	직장인우대 종합통장	주거래 우대통장	첫급여 우리통장	급여통장 플러스	급여하나통장
수수료	면제				
면제 조건	50만 원 이상 월급 이체 3개월				
금리	0.1%			0.5~2%	0.1% (35세 이하 1.5%)
부가 혜택	- 환전 수수료 30% 우대 - KB상호부금 가입 시 +0.3%	환전 수수료 20~40% 우대	- 신용대출 금리 0.3% 쿠폰 - 제주도 호텔/ 렌터카 1일권	- 신용대출 시 0.1% 우대 - 환전수수료 30~50% 우대	

통장 비교는 유튜브 영상에서 따로 자세히 설명하겠습니다.

최종 선택은 여러분의 라이프 스타일에 따라 달라집니다. 여러분이 주로 사용하는 금융 거래에 혜택을 주는 통장이 좋겠죠. 회사에서 월급 통장을 못 바꾸게 할 수도 있습니다. 큰 차이가 아니니 대략적인 차이만 알고 넘어가도 됩니다.

다섯 개 은행 중 하나를 정해서 통장을 만들었다면 다음으로 체크카드를 만들어줍니다. 체크카드는 할인 혜택에 큰 차이가 없습니다. 체크카드 때문에 월급 통장을 증권사로 옮기는 경우도 있지만, 소소한 차이이므로 굳이 그럴 필요는 없습니다. 차라리 추후 대출 협상을 위해 해당 은행에서 만드는 게 낫습니다. 대출 금리는 담당자에 따라 달라질 수 있는데, 매년 1~2만 원을 포기하더라도, "저는 여기 월급 통장도 쓰고, 체크카드도 쓰고, 기타 등등 뭐도 계속 써왔어요"라고 말할 수 있는 상황을 만드는 게 더 유리하겠죠. 아무 거래도 없다가 갑자기 대출받으러 가게 되면 이상한 상품에 가입을 강요당하면서 겨우 대출을 받게 될지도 모릅니다.

내 월급 통장 만들기

Q. 여러분의 주거래 통장은 월급〔급여〕 통장인가요?

Q. 〔그렇다면〕 어떤 혜택이 있나요?

Q. 〔아니라면〕 어느 은행에서 만들 건가요?

비상금 기준
딱 정해드립니다

"비상금이 왜 필요하냐?"라고 생각하는 사람이 많습니다. 하지만 살다 보면 비상금이 필요한 일은 생각보다 많습니다. 회사에 다니면 예상치 못한 각종 경조사가 따라다닙니다. 일찍 결혼하는 동기들도 생기고, 갑자기 비공식적인 회식을 하기도 합니다. 5~10만 원씩 내다 보면 용돈이 금세 탈탈 털립니다. 그러다 신용카드를 긁고, 재테크 요요를 겪습니다. 이런 일에 대비한 완충 역할을 위해 비상금은 반드시 필요합니다. 게다가 우리는 투자를 할 겁니다. 단타를 하지 않는 이상 반드시 하락장을 겪습니다. 그때 비상금이 없다면 마이너스 구간을 견디지 못하고 섣불리 매도하게 됩니다. 성공적인 투자를 위해서도, 멘털 관리를 위해서도 비상금은 반드시 있어야 합니다.

비상금 통장의 조건은 두 가지입니다.

- 입출금이 자유로운가?

- 비상금을 안전하게 불려주는가?

여기에 부합하는 통장은 네 종류가 있습니다.

① CMA   ② MMF   ③ 깡통 통장   ④ 파킹 통장

그냥 정하겠습니다. 이 중에서 CMA를 쓰세요. CMA는 입출금이 자유롭고 금액이 적지만 이자도 매일 계산해줍니다. 1년을 보관하면 일반 예·적금 이자율 이상은 됩니다. MMF는 수시입출금이 아쉬운 데다 펀드를 고를 지식도 필요합니다. 일반 입출금 통장은 돈이 불어나지 않으니 탈락입니다. 마지막으로 파킹 통장은 수익률은 괜찮지만 우리는 앞으로 은행보다 증권사랑 친해져야 투자가 편하기 때문에 결론적으로 CMA 통장을 권장합니다. CMA 통장이 뭔지, 어떻게 활용해야 하는지는 뒷부분에서 보충하겠습니다.

비상금으로 얼마를 모아야 해요?

뛰어난 투자자들은 '일정 부분 현금을 보유하라'는 말을 늘 합니다. 특히, 밥만 먹고 투자를 하는 게 직업이 아니라면 하락장에서 현금 역할을 해줄 돈이 반드시 필요합니다. 이런 맥락에서 필요한 금액은 아무런 수입이 없어도 6개월은 버틸 수 있는 만큼이 최소 구간입니다.

내 생활비의 여섯 배입니다. 《재무 건강 가이드라인》이라는 연구에서는 나이대의 N배를 모으라고 권장합니다. 20대면 생활비의 두 배, 50대면 생활비의 다섯 배, 이런 식입니다. 연구 결과는 그렇지만, 당장 우리가 비상금을 제외한 여유 자금 전부를 투자하진 않습니다. 아니, 못합니다. 인간은 처음 시도하는 일은 두려워하기 때문이죠. 처음에는 소액으로 투자한다고 생각하는 게 현실적입니다. 그래서 최소한 생활비의 여섯 배를 기준으로 두고, 소액 투자하지 않는 금액은 일단 비상금으로 둡니다.

예를 들어서, 현재 1억 원이 있다면 100만 원만 투자해보기로 합니다. 나머지 9,900만 원은 비상금으로 두는 겁니다. 그리고 시간이 지나 경험과 지식이 쌓이면 투자금을 1,000만 원, 2,000만 원으로 점차 늘려갑니다. 그렇게 해서 비상금을 생활비의 여섯 배 수준까지만 남기고 나머지는 전부 투자로 옮깁니다. 만약 생활비가 한 달에 200만 원이라면 1,200만 원까지만 현금을 보유하면 되겠죠.

"다달이 모아요? 한꺼번에 넣어요?" 이 질문 역시 비상금을 보유해야 한다고 말하면 늘 따라오는 질문입니다. 아직 투자를 시작하지 않았다면 대부분 현금을 쌓아두고 있을 겁니다. 사회 초년생이면 목돈이 없기 때문에 다달이 투자금부터 넣어야 하고요.

만약 200만 원을 저축한다고 하면 한 달에 20만 원씩 투자 연습을 하고 나머지 180만 원은 내가 생각한 비상금 금액까지 모아갑니다. 12개월을 모으면 2,160만 원이 되겠죠? 이 1년 동안 여러분의 투자 실력이 늘어났다면 투자할 수 있는 금액도 늘어났을 겁니다(1년 동안 비상 상황이 발생했다면 비상금도 일부 사용했겠죠).

내 비상금 마련하기

Q. 여러분의 한 달 평균 생활비는 얼마인가요?

Q. 여러분에게 '소액'이란 얼마를 뜻하나요?
[얼마로 투자 연습을 해볼 수 있을까요?]

Q. 현재 비상금은 얼마인가요?

Q. 1년 뒤 비상금은 얼마를 보유하고 있을까요?

숨은 1% 돈을 찾아내는
고정 지출 할인

여러분이 가계부를 써봤다면 고정 지출과 변동 지출을 구분할 수 있습니다. 고정 지출은 월세, 통신비, 공과금 등 매달 일정하게 나가는 금액입니다. 차를 끌고 출퇴근을 한다면 유류비도 고정 비용에 포함됩니다. 유가에 따라 매달 금액이 달라지겠지만, 얼추 비슷할 겁니다. 여기서 핵심은 고정 지출은 신용카드 혜택을 받을 수 있어야 한다는 겁니다. 알아야 할 특별한 개념이 없으므로, 바로 챌린지를 하겠습니다. 서론이 너무 길면 지루해지니까요.

내 고정 지출 줄이기

주의사항을 먼저 말씀드리겠습니다. 카드에는 할인 한도가 있습니다. 얼마나 되는지 먼저 확인하세요. 한 달에 최소한 1만 원은 받아야 합니다. 또한, 대부분의 카드는 전월 실적을 충족해야 혜택을 주므로 내 고정 지출이 전월 실적을 채울 수 있어야 합니다.

❶ 카드 비교 사이트에 접속합니다. '카드고릴라'를 권장합니다.

❷ 조건별을 검색합니다. Top100은 보지 않습니다. 남들에게 인기 있는 카드를 선택하지 않을 테니까요.

❸ 필요한 카드 혜택을 고릅니다. 여러분의 고정 지출 항목이 들어가야겠죠?

❹ 발급합니다. 참고로 한 번의 이벤트로 1만 원을 받는 것보다 매달 1만 원씩 고정적인 혜택을 받는 게 낫습니다.

❺ 월급이 들어오는 날에 고정지출용 통장으로 자동이체합니다. 여기서 고정지출용 통장은 깡통 통장이어도 상관없습니다.

❻ 월급 통장에서 매달 고정 지출하는 금액을 고정지출용 통장으로 자동이체합니다.

❼ 신용카드 결제 계좌를 고정지출용 통장으로 설정합니다.

Q. 어떤 카드로 선택했나요?

Q. 선택한 이유가 뭔가요?

Q. 고정 지출 금액은 얼마인가요? [전월 실적을 충족할 수 있나요?]

Q. 고정지출용 통장으로 자동이체를 설정했나요?

만약 사용하는 카드가 있다면 일부러 해지해서는 안 됩니다. 신용카드의 거래 이력은 신용
점수에 반영되기 때문입니다. 오래된 카드는 여러분이 신용 거래를 꾸준히 했다는 증명이
됩니다.

❶ 신용카드를 사용하지 않는 게 좋다는 사람도 있습니다. 절제하기가 쉽지 않으니까요. 저
도 동의합니다. 그런데 우리나라 성인의 신용카드 발급률은 90%가 넘습니다. 대부분이
신용카드를 사용하므로 현실적으로는 쓸 수밖에 없습니다(우리나라의 신용카드 발급
개수는 1억 4,000장 이상으로, 1인 평균 네 개입니다).

❷ 사회 초년생이라면 특히 신용카드를 사용하는 게 좋습니다. 신용 거래 이력이 적어 신용
점수가 낮게 평가되므로, 주택담보대출을 받을 때 금리가 높게 책정될 수 있기 때문입
니다. 이에 대비해 신용카드를 현명하게 사용해 신용점수를 높이는 것도 방법입니다.

❸ 체크카드는 연말정산에 30% 반영됩니다. 이 혜택을 보려면 연봉의 25% 이상을 소비
해야 합니다. 따라서 소비 금액이 연봉의 25% 이하일 때는 신용카드 혜택을 받는 게 유
리합니다. 체크카드의 할인율은 0.1% 수준인 반면 신용카드는 1% 수준의 할인을 받을
수 있기 때문입니다. 열 배 차이죠?

이로써 저축을 제외한 토대가 완성되었습니다. 이런 구조가 없으면 투자를 해도 자산이 불
어나지 않습니다. 이 구조를 만들어두는 데는 한 푼도 들지 않습니다. 그러니 그냥 세팅 한
번만 해두세요.

현금 흐름을 통제하는
체크카드 관리

체크카드는 사실 책에 따로 언급하지 않아도 알아서 잘 쓰고 계실 겁니다. 요즘은 초등학생도 체크카드를 쓰니까요. 관리 측면에서 몇 가지만 이야기하겠습니다.

아마 이 책에 나온 대로 한다면 월급 통장에서 고정지출용 통장과 저축 (투자) 통장으로 월급이 자동이체될 겁니다. 그럼 남은 돈이 자연스럽게 변동지출에 사용됩니다. 따라서 월급 통장과 체크카드는 연결하는 게 좋습니다.

주의사항으로 월급이 자동이체되기 전에 카드를 긁으면 꼬인다는 단점이 있습니다.

체크카드 혜택 비교하기

체크카드도 동일하게 카드 비교 사이트에서 혜택을 비교해보세요(p.70 참조).

Q. **어떤 체크카드로 선택하셨나요?**

Q. **선택한 이유는 무엇인가요?**

투자의 시작,
증권사 종합위탁계좌 고르기

투자를 위한 토대를 마련했다면, 이제 다음 단계로 넘어가보겠습니다. 우선은 증권사 기본 통장부터 알아야 합니다. 보통 증권사 계좌라고 부르며, 실제로 앱에서 확인할 때는 종합 위탁, 혹은 위탁 계좌라는 명칭으로 되어 있습니다. 기본에 충실하면 똑같은 시점에 똑같은 투자 자산을 매수·매도 하더라도 이익을 더 볼 수 있습니다.

증권사 계좌 개설은 어렵지 않습니다. 스마트폰에서 증권사 앱을 다운받기만 하면 되거든요. 하지만 여기서부터 헷갈리겠죠? "무슨 증권사로 할까요? ㅠㅠ"가 정말 많은 질문 중 하나입니다. 증권사를 선택하할 때는 먼저 수수료 개념을 알아야 합니다. 증권사에서 수수료를 0%로 홍보해도 우리는 비용을 부담합니다. 비용은 매매 수수료를 포함해 세 가지가 있기 때문입니다.

① **매매 수수료**: 증권사가 거래 중개 서비스로 받는 수수료입니다. 주식을 살 때, 팔 때 각각 발생합니다. 살 때만 0%인 곳도 있습니다. 따라서 이벤트 내용을 잘 살펴봐야 합니다.

② **유관기관 비용**: 한국거래소, 예탁결제원 등에 내는 일종의 관리 비용으로, 거래할 때마다 발생합니다. 과거에는 매매 수수료를 0원으로 홍보하고, 유관기관 비용을 늘려 눈속임하는 경우가 있었습니다. 현재는 일반적으로 0.004~0.005% 수준입니다.

③ **증권 거래세**: 주식을 팔 때만 발생하는 세금으로, 현재 국내 주식은 매도 금액의 0.03%(코스피) 0.18%(코스닥)가 부과됩니다.

생각보다 많죠? 수수료는 거래 금액 대비 상대적으로 낮지만, 자주 거래할수록 눈덩이처럼 불어납니다. 단기 매매를 반복하면 수수료가 정말 커지므로 처음 주식 계좌를 만들 때 딱 한 번만 신경써두면 됩니다.

【 증권사별 매매 수수료 비교(2025년 12월 기준) 】

증권사	매매 수수료율(온라인 거래 기준)
키움증권	0.015%
삼성증권	0.014%
NH투자증권	0.010%
미래에셋증권	0.012%
한국투자증권	0.013%

증권사 수수료 확인

2020년 코로나 이후, 증권사의 경쟁이 치열해졌습니다. 이에 따라 증권사 수수료도 정말 자주 바뀌니 앞의 비교 표는 무시해도 됩니다. 투자 전 반드시 네 개 증권사는 수수료를 직접 확인해봅시다.

Q. KB증권 매매 수수료는?

____

Q. 미래에셋증권 매매 수수료는?

____

Q. NH투자증권 나무 매매 수수료는?

____

Q. 한국투자증권 매매 수수료는?

____

매매 수수료가 얼마인지 못 찾겠다면 네이버에서 해당 증권사를 검색해 밑에 있는 작은 글씨를 확인합니다.

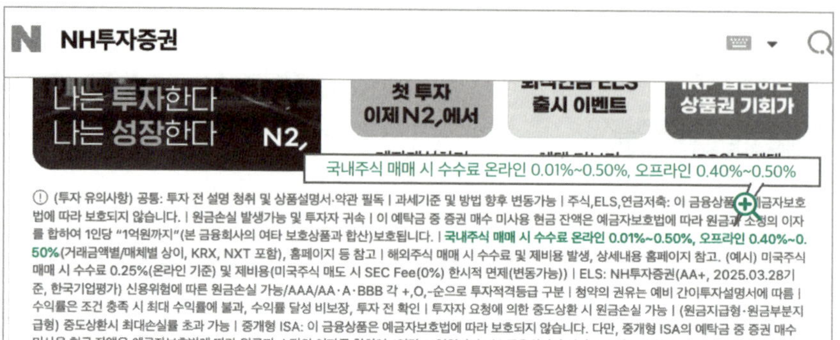

> ⓘ (투자 유의사항) 공통: 투자 전 설명 청취 및 상품설명서·약관 필독 | 과세기준 및 방법 향후 변동가능 | 주식,ELS,연금저축: 이 금융상품은 예금자보호법에 따라 보호되지 않습니다. | 원금손실 발생가능 및 투자자 귀속 | 이 예탁금 중 증권 매수 미사용 현금 잔액은 예금자보호법에 따라 원금과 소정의 이자를 합하여 1인당 "1억원까지"(본 금융회사의 여타 보호상품과 합산)보호됩니다. | **국내주식 매매 시 수수료 온라인 0.01%~0.50%, 오프라인 0.40%~0.50%**(거래금액별/매체별 상이, KRX, NXT 포함), 홈페이지 등 참고 | 해외주식 매매 시 수수료 및 제비용 발생, 상세내용 홈페이지 참고. (예시) 미국주식 매매 시 수수료 0.25%(온라인 기준) 및 제비용(미국주식 매도 시 SEC Fee(0%) 한시적 면제(변동가능)) | ELS: NH투자증권(AA+, 2025.03.28기준, 한국기업평가) 신용위험에 따른 원금손실 가능/AAA/AA·A·BBB 각 +,O,-순으로 투자적격등급 구분 | 청약의 권유는 예비 간이투자설명서에 따름 | 수익률은 조건 충족 시 최대 수익률에 불과, 수익률 달성 비보장, 투자 전 확인 | 투자자 요청에 의한 중도상환 시 원금손실 가능 | (원금지급형·원금부분지급형) 중도상환시 최대손실률 초과 가능 | 중개형 ISA: 이 금융상품은 예금자보호법에 따라 보호되지 않습니다. 다만, 중개형 ISA의 예탁금 중 증권 매수 미사용 현금 잔액은 예금자보호법에 따라 원금과 소정의 이자를 합하여 1인당 "1억원까지"(본 금융회사의 여타 보호상품과 합산) 보호됩니다. | 원금손실

작은 글씨가 안 보인다면? 해당 증권사 홈페이지에서 수수료 메뉴에 들어갑니다. 주식, ETF, 채권에 따라 수수료가 전부 다릅니다. 앞으로 필요하므로 ETF의 수수료도 확인해줍니다.

▶ 온 · 오프라인 매매

온라인 매매　　오프라인 매매

< 대상 채널: 나무증권 앱, 나무증권 HTS, 나무증권 홈페이지(트레이딩) >

1 주식

(10원미만 절사, 소수점: 원미만 절사)

거래상품		Mobile 개설		제휴은행 개설
		모바일 계좌 전용	케이뱅크/카카오뱅크/농협은행 (스마트뱅킹)	Original
유가증권 코스닥 코넥스 기타	일반주문	0.01%	0.015%	0.0141639%
	신용/대출주문	0.01%	0.015%	0.0141639%
	Stop-Mrt 자동주문	0.01%	0.015%	0.0141639%
국내소수점		0.01%	0.015%	0.015%
ELW	일반주문	0.01%	0.015%	0.015%
	신용/대출주문	0.01%	0.015%	0.015%
	Stop-Mrt 자동주문	0.01%	0.015%	0.015%
K-OTC		0.15%	0.15%	0.15%

(NH의 경우 ETF 수수료가 '기타'로 포함되어 있습니다.)

귀찮아도 꼭 해봐야 합니다. 1년에 매매를 한 번 할까 말까 한 지금은 0.1%가 작아 보이겠지만, 투자에 재미를 붙일수록 거래 횟수는 대폭 늘어납니다. 그만큼 수수료가 커진다는 뜻입니다. 미래를 위해서 꼭 확인해주세요.

증권사 기본 통장
완전 정복

증권사의 기본 통장은 세 종류입니다. 증권사 계좌를 만들었다면 통장의 내용도 곧바로 확인해봅시다.

① 매매 기능 + CMA 기능이 있는 계좌

현금을 넣어두면 자동으로 이자가 붙는 통장입니다. 단기 여유 자금을 굴리기에 좋습니다. 주식이나 ETF를 사지 않고, CMA 통장에 돈을 넣어둔 채 방치하더라도 저절로 이자가 붙는다는 말입니다. 귀찮게 현금성 ETF를 사지 않아도 됩니다.

② only 매매 기능 계좌

반대로, 매매 기능만 있고 CMA 기능은 없는 계좌는 매수와 매도만 됩니다. 이런 계좌만 있는 증권사면 투자를 하면서 조금 귀찮을 수 있습니다. 돈이 남을 때마다 현금성 ETF 혹은 RP를 매수해줘야 하기 때문입니다(혹은 CMA 통장으로 옮기거나).

③ only CMA 기능 계좌

CMA 기능만 있는 계좌도 있습니다. 이 경우에는 현금을 보관하는 용도로만 사용할 수 있고 주식이나 ETF를 매수하지 못합니다.

이제 증권사의 기본적인 계좌 세 종류를 확인하셨다면 더 중요한 수수료 개념을 알아야 합니다.

증권사 통장 만들기

Q. 여러분이 개설한 증권사 통장은 어떤 통장인가요?

증권사에서 못 찾겠다면 이전에 챌린지했던 '내 계좌 한눈에' 페이지에 다시 들어갑니다. 요즘에는 증권사에서 '내 계좌 한눈에' 서비스를 연동해둔 경우가 있습니다. 화면 좌측에 증권사 계좌 조회하기가 있습니다.

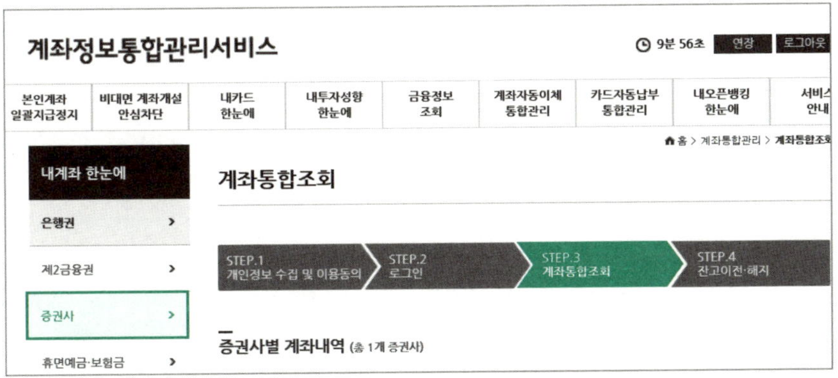

조회해보면 아래처럼 화면이 나옵니다. 한 번 해봤으니 이제는 쉽겠죠?

	증권사명 계좌번호	지점명 계좌명	개설일 최종거래일	총잔고 (예탁자산총액)	예수금 산출기준 ⑦	투자재산 ⑦ 비고	오픈뱅킹 등록여부	본인계좌 일괄지급 정지상태	계좌해지 잔고이전
● 비활동성계좌									
1	KB증권 ▒▒▒▒▒	Prime센터 (비대면) 02 CMA	2020.09.23 2024.03.19	0	0 순자산,결제	미보유 -	Y 확인하기	N	신청
● 활동성계좌									
1	KB증권 ▒▒▒▒▒	Prime센터 (비대면) 01 종합위탁	2020.09.23 2025.04.15	0	0 순자산,결제	미보유 -	Y 확인하기	N	대상아님 (활동성계좌)
	합계			0					

KB증권 같은 경우는 CMA 기능과 매매 기능이 따로 떨어져 있습니다. 그래서 아래쪽에 있는 01 계좌는 '종합 위탁'으로 표시되고, 위쪽의 02 계좌는 'CMA'로 표시됩니다.

국가가 허락한
세금 절약 치트키 ISA

ISA 계좌가 없으면 혼을 낼 겁니다. 제 유튜브 영상에서도 열 번 넘게 이야기했습니다. ISA 계좌는 절세 계좌로, 일반 투자자가 최대 효율을 낼 수 있는 통장입니다. 지금 당장 개설해도 아무런 손해가 없습니다. 게다가 이 책을 읽는 독자 여러분에게 딱! 필요한 통장입니다.

ISA 계좌를 이 정도로 강조하는 이유는 무엇일까요? ISA(Individual Savings Account)란 개인종합자산관리계좌… 이런 개념은 알 필요가 없습니다. 가장 중요한 포인트는 세금 절약입니다. 예를 들어, 은행 5%짜리 예금에 1,000만 원을 넣었다면 이자로 얼마를 받을 수 있을까요? 계산상 50만 원이 나와야 하지만 실제로는 그렇지 않습니다. 이자에 대해 15.4%의 소득세를 떼기 때문입니다. 따라서 약 42.3만 원만 이자로 수령할 수 있습니다. 7만 7,000원이 사라진 거죠.

그냥 7만 7,000원만 사라지면 괜찮겠지만, 이를 30년 동안 5% 수익률로 계속 굴린다고 가정하면 어떻게 될까요? 세금을 내지 않고 투자했을 때는 약 4,321만 원이 되지만, 매년 이자 소득세를 낸다면 최종 금액은 약 3,465만 원으로 크게 줄어듭니다. 무려 856만 원의 차이가 생기죠. 이런 복리 효과 때문에 세금을 절약할 수 있는 방법은 무조건 챙겨야 합니다.

ISA 계좌에는 세 가지 혜택이 있습니다. 첫째, 수익의 일정 금액까지는 비과세 혜택이 주어집니다. 일반형은 200만 원까지, 서민형(총급여 5,000만 원 이하 또는 종합소득금액 3,800만 원 이하)은 400만 원까지 세금을 내지 않아도 됩니다. 다시 말해서, 1,000만 원을 투자해서 20%의 수익을 낸다면 비과세로 처리된다는 뜻입니다. 여기에 연봉이 5,000만 원보다 아래라면 400만 원까지 비과세 혜택을 받을 수 있습니다.

둘째, 수익이 200만 원을 넘어가면 비과세 한도 초과분에 대해서는 9.9%의 낮은 세율로 분리 과세됩니다. 훨씬 좋겠죠?

셋째, 손익통산 기능도 있습니다. 손익통산이란 여러 투자에서 발생한 손실과 수익을 합산할 수 있다는 뜻입니다. 예를 들어, 주식형 상품에서 100만 원 손해를 보고, 채권형 상품에서 100만 원 이익이 났다면 전체 손익이 0원으로 합산되면서 세금 부담이 사라집니다. 다르게 말하면, ISA가 아닌 일반 계좌에서 투자했을 때 한 상품에서 50만 원의 이익, 다른 상품에서 100만 원의 손해를 보면, 50만 원의 이익에 대해서는 세금을 떼간다는 이야기입니다. ISA 계좌에는 손익통산 기능이 있어 투자자에게 더욱 유리합니다.

알아둬야 할 사항도 있습니다. 세상에 좋은 점만 있는 건 없으니까요. ISA

계좌는 연간 2,000만 원까지, 최대 1억 원 한도에서만 납입이 가능합니다. 그리고 계좌를 최소 3년 이상 유지해야 합니다. 3년을 채우지 않고 해지하면 그동안 받았던 비과세 및 세금 감면 혜택이 추징됩니다. 그다음으로 ISA 계좌의 종류를 잘 선택해야 합니다.

ISA 계좌는 CMA 통장과 다르게 돈을 넣는다고 해서 알아서 이자가 붙지는 않습니다. 내가 상품을 선택해서 투자해야 합니다. 그냥 ISA 계좌를 개설한 후에 돈만 이체해뒀다면 은행 입출금 통장에 돈을 그대로 방치한 것과 같습니다.

이때, 내가 적절한 상품을 못 고르겠다면 증권사에 맡길 수 있습니다. 전체를 다 맡기고 싶을 땐 일임형 혹은 신탁형을 고릅니다. 내가 직접 하겠다면 중개형을 고릅니다. ISA 계좌의 유형은 증권사에서 고를 수 있습니다. 하지만 저는 이 책을 읽는 분들이라면 반드시 중개형 ISA로 만드는 것을 추천합니다. 남들에게 맡기면 비용(수수료)이 발생하기 때문입니다.

수수료를 줘도 나는 잘 모르겠다? 그래도 중개형을 추천합니다. 왜인지 한번 보겠습니다.

금융투자협회에서는 소비자들이 금융 상품을 비교할 수 있도록 정보를 공시하고 있습니다. 여기서 ISA 계좌를 금융 회사에 맡겼을 때 최근 수익률을 확인할 수 있습니다. 2025년 상반기 기준, 최근 1년간 수익률이 가장 높은 곳은 키움증권으로 5.08%였습니다. 가장 낮은 곳은 메리츠증권으로 3.01%를 기록했습니다.

이 수치는 예금과 유사한 저위험 상품들을 기준으로 두었을 때입니다. 이 책을 읽는 분들이 숙련된 투자자는 아닐 테니까요. 3~5% 수준이라면 수수료를 주지 않고 우리가 직접 운용하는 게 효율적이지 않을까요? 책을 읽을 줄 아는 정도면 충분히 가능합니다. 관련된 내용도 뒤 파트에서 더 다룰 예정입니다. 지금 이 내용을 보고 하셔야 할 일은 ISA 계좌를 중개형으로 만드는 것입니다. 이미 계좌를 보유한 분들은 중개형으로 전환하고, 없는 분들은 만들 때 꼭 중개형을 선택하길 바랍니다.

2026년 1월, 정부에서는 ISA 계좌의 비과세 한도 상향을 검토하고 있습니다. 따라서 독자 여러분이 책을 읽는 시점에 비과세 한도가 얼마인지 직접 확인해보는 게 좋겠습니다. 정책이 확정되면 유튜브 영상으로 업데이트할게요.

절세 계좌 만들기

Q. **ISA 계좌를 보유하고 있나요?**

Q. **[있다면] 내 ISA 계좌는 중개형인가요?**

ISA 계좌는 투자자라면 필수로 보유해야 하는 기본 중의 기본입니다. 귀찮다고 미루지 말고 지금 당장 만드는 것을 추천합니다.

평생 월급 만드는
5층 연금 시스템

우리에게 가장 두려운 시기는 노후일 겁니다. 60살에 은퇴했는데, 노후 준비가 전혀 되어 있지 않다면 정말 막막하겠죠. 단박에 해결할 수도 없는 문제니까요. 우리는 눈앞의 일을 더 중요하게 여기고, 미래의 일은 뒤로 미루는 경향이 있습니다. 이번 여름에는 다이어트에 성공해 멋진 옷을 입고 싶지만, 지금 당장은 눈앞에 있는 바닐라 라테를 마시는 것처럼 말입니다. 이번 장에서는 연금에 대해 준비했습니다. 솔직히 말해서, 조금 어렵습니다. 최대한 쉽게 쓰려고 노력했으니 한 번은 읽어주세요.

연금에는 여러 종류가 있습니다. 자산관리 교과서에서는 연금을 3층 혹은 4층 구조라고 말합니다. 하지만 저는 제 가족이 연금을 준비한다고 생각하고, 5층 구조로 이야기하겠습니다.

① 국민연금(대한민국에 살면 의무 가입)

우리의 월급에서 자동으로 떼가는 바로 그거예요. 의무 가입으로, 국가가 최소한의 노후 생활비는 보장해준다는 개념입니다. 많이 받으면 좋겠지만, 이것만 믿고 노후를 준비하기에는 턱없이 부족합니다.

② 퇴직연금(직장인이라면 관리 좀 해주세요)

회사에서 주는 퇴직금을 연금 형태로 받는 제도입니다. 확정급여형(DB), 확정기여형(DC), 개인형 퇴직연금(IRP)으로 나눕니다. 회사에 다니면 자연스럽게 쌓이는 연금인데, 관리만 잘하면 노후에 꽤 든든한 버팀목이 됩니다. 대부분 관리를 안 해서 문제가 됩니다.

【 주요 증권사 퇴직연급 상품 】

회사명	MP유형	MP명칭	출시일	최근 1년	전년도	최근 2년	최근 3년	수익률
키움증권	6등급	키움기본투자형(매우낮은위험)	2016/03/14	5.08	5.52	11.37	11.1	25.03
IBK기업은행	6등급	IBK기업은행 초저위험 모델포트폴리오	2016/04/11	5.05	4.96	10.41	12.9	21.62
하나은행 (구 외환은행)	6등급	KEB하나 1Q 일임형ISA 최저위험	2016/08/11	4.80	4.54	9.66	11.85	21.47
신한은행	6등급	신한은행 TRUST One(안정형)	2016/04/11	4.7	4.57	9.22	10.74	20.33
국민은행	6등급	KB국민 만능 ISA 안정형	2016/04/11	4.21	4.25	8.72	11.67	20.56
부산은행	6등급	BNK부산 안정형 플러스	2016/08/10	4.17	4.19	9.01	12.03	21.32
KB증권	6등급	KB able 일임형 ISB(초저위험)	2016/03/14	3.87	3.89	7.8	10.63	21.3
미래에셋증권	6등급	미래에셋증권 일임형ISA 글로벌자산배분 초저위험	2016/03/14	3.81	3.52	7.59	8.3	16.0
우리은행	6등급	우리 일임형 안정형 ISA(안정형)	2016/04/11	3.49	3.52	7.28	9.97	17.98
NH투자증권	6등급	NH투자증권 QV SAFE	2016/03/14	3.23	3.34	6.85	9.29	17.01
키움증권	6등급	키움원금지급추구형플러스(매우낮은위험)	2016/03/14	3.20	3.28	6.65	9.33	18.18
대신증권	6등급	대신 ISA 국내형 초저위험랩	2016/03/28	3.18	3.20	6.65	8.94	18.36
메리츠증권	6등급	메리츠 ISA 이자소득형A	2016/03/14	3.01	3.12	6.43	8.77	17.11

③ 개인연금(내가 직접 챙겨야 하는 연금)

국가나 회사가 아니라 개인이 따로 가입하는 연금입니다. 연금저축펀드, 연금저축보험, 연금보험, 변액보험과 같은 상품들이 있습니다. 세액공제 혜택도 있고, 국민연금이나 퇴직연금만으로 부족할 때를 대비해 추가로 준비합니다.

④ 주택연금(내 집을 연금처럼 활용)

자기 집을 담보로 맡기고 매달 생활비를 받는 제도입니다. 우리나라 사람들 대부분은 자산이 부동산에 편중되어 있습니다. 집 한 채는 보유하고 있어 자산은 있지만, 돈을 깔고 앉아 있기 때문에 실제 쓸 수 있는 현금이 부족합니다. 이것을 유동성이 떨어진다고 표현합니다. 주택연금은 집은 있지만 현금이 부족한 분들에게 정말 유용한 연금입니다.

⑤ 개인이 따로 준비하는 목돈(재테크 필수)

실질적으로 위의 네 가지 연금을 잘 굴리면 노후는 어느 정도 준비됩니다. 하지만 위 연금 상품들은 납입하는 데 한계가 있습니다. 세금 혜택 한도 때문입니다. 연금이 부족할 때를 대비해 개인이 따로 준비하는 돈도 필요합니다.

이 5층 구조를 이해하면 각 층별로 내게 필요한 게 뭔지 명확해집니다. 이 뒤부터 하나씩 탄탄하게 채우면서 안정적인 노후를 만들어가면 됩니다. 이 장을 읽고 여러분이 해야 하는 챌린지가 있습니다.

내 연금액 확인하기

여러분의 연금액을 확인하는 시간을 갖겠습니다.

❶ 네이버에서 '중앙노후준비지원센터'를 검색합니다. 국민연금공단에서 운영하는 사이트입니다.

❷ '재무 진단' – '내 연금 알아보기' 메뉴에 들어갑니다.

❸ 조회 신청을 합니다. 1~3일 정도가 걸립니다.

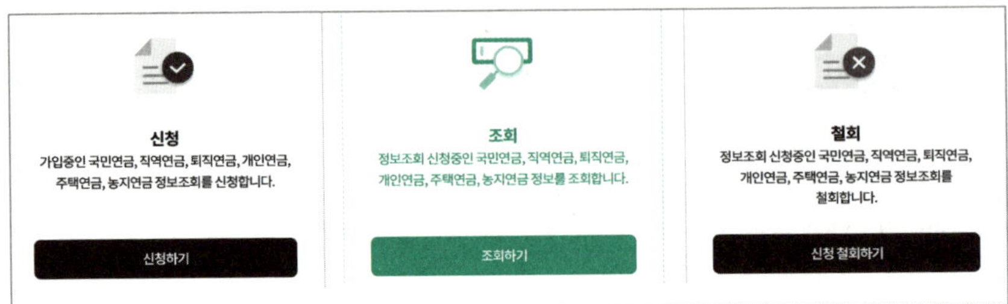

❹ 1~3일이 지난 다음 조회 페이지로 다시 접속합니다. 화면 밑의 통합내역조회를 클릭합니다.

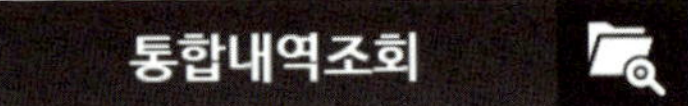

> **Q.** 나의 예상 국민연금 월 수령액은 얼마인가요?

국민연금, 어떻게 하면
최대한 많이 받을 수 있을까?

국민연금은 월급(소득)에서 알게 모르게 떼가고 있으므로 대부분이 잘 모릅니다. 여러분이 월급을 받으면 일정 부분을 4대 보험에서 가져갑니다. 이 중에 국민연금이 포함되어 있습니다. 현재 내야 하는 돈(보험료율)은 소득의 9%로 책정되어 있습니다. 그중 절반인 4.5%는 월급 받는 사람이, 나머지 4.5%는 회사에서 내고 있습니다. 이 돈을 국민연금공단에서 굴려 연금을 수령하는 나이에 소득대체율 41.5%로 돌려받는 것입니다(2025년 통과된 국민연금 개정안에서는 2026년부터 2033년까지 매년 0.5%씩 순차적으로 납부율을 높여 최종적으로 13% 납부, 소득대체율 43%로 변경되었습니다).

이런 식으로 국가에서 연금을 준비해줍니다. 국민연금공단에서 알아서 돈을 굴려주므로, 우리가 할 수 있는 일은 별로 없습니다. 다만, 연금 수령액을 최대화할 수 있도록 몇 가지만 체크해보겠습니다.

① 연기연금제도

국민연금은 일반적으로 65세 이후에 수령할 수 있습니다. 여기서 최대 5년까지 연기할 수 있습니다. 1년을 연기할 때마다 연금액이 7.2%씩 증가합니다. 5년을 연기하면 최대 36%를 더 받을 수 있습니다. 이것은 60~65세 때 신청할 수 있습니다. 따라서 65세 이후에도 근로소득이 발생할 예정이라면 연기를 선택하는 게 좋습니다. 여러분이 생각해야 할 것은 "65세 이후에도 내가 일할 수 있는가?"입니다. 좋아하는 일을 찾는 것은 감정적인 행복뿐만 아니라, 자산 관리에도 도움을 줍니다.

② 소득 신고를 정확히 하기

국민연금은 본인의 평균 소득이 높을수록 수령액도 늘어납니다. 소득을 축소 신고하지 말고 정확하게 신고하는 것이 매우 중요합니다. 특히 프리랜서나 자영업자의 경우, 정확한 소득 신고가 노후에 큰 차이를 만듭니다.

③ 추납(추가 납부)

이직이나 경력 단절로 이해 납부하지 못한 시기가 있었다면 추가 납입을 할 수 있습니다. 납부하지 않은 기간이 있는지 확인해보세요. 조금 부담은 되겠지만 연금 수령액을 크게 높일 수 있는 효과적인 방법입니다.

내 국민연금 알아보기

> **Q.** 65세 미후에도 계속 일할 가능성이 있나요?

> **Q.** 추가 납입할 수 있는 기간이 있나요?

※ 다만, 이대로 가면 저출산으로 국민연금을 납입하는 사람은 적어지고, 연금을 수령하는 사람은 많아지는 상황이 됩니다. 이 때문에 2024년 국민연금 개정이 있었고, 사회적으로 계속해서 논의가 되고 있습니다. 이 부분은 관심을 기울이고 있어야 할 부분입니다.

퇴직연금, 회사에서 돈을 주는데
왜 굴리질 않으세요?

퇴직연금은 정말! 꼭! 관리해줬으면 하는 계좌입니다. 우리나라 퇴직연금의 평균 수익률은 2~3% 수준입니다. 반면, 선진국의 퇴직연금 연평균 수익률은 8%를 넘나듭니다. 선진국 사람들의 금융 지능이 특별히 뛰어난 것일까요? 아닙니다. 그냥 그들이 퇴직연금에 조금 더 관심이 많은 것뿐입니다.

이번 장에서는 간단하게 퇴직연금을 받기 위해 뭘 해야 하는지 정리하겠습니다. 이 정도는 상식으로 알고 있어야 유튜브에서 무슨 정보를 받아들이고, 어떤 정보는 나에게 필요 없는지도 알 수 있습니다.

① 우리 회사 퇴직연금 제도 확인하기

배경지식이 있으면 이해하기 쉬우실 겁니다. 2005년, 우리나라에도 퇴직연금 제도가 도입되었습니다. 그 전에는 '퇴직금'을 받았습니다. 퇴직금은 회사를 그만두면서 큰돈을 받는 걸 말합니다. 그런데 문제가 있었습니다. 회사가 어려워졌다는 이유로 법적으로 줘야 하는 퇴직금을 주지 않는 회사가 많아진 것입니다. 이를 '퇴직금 체불'이라고 부릅니다.

이 문제를 해결하기 위해 회사 외부의 기관(은행, 증권사 등)에 매달 혹은 매년 일정하게 퇴직금을 쌓도록 제도화한 것이 퇴직연금입니다. 회사의 형편과 무관하게 직원 계좌에 일정 금액을 적립해줘야 하는 겁니다. 이렇게 되면 회사가 어려워졌다고 직원들의 퇴직금까지 손댈 수는 없죠. 자, 그럼 이제 퇴직금과 퇴직연금이 구분될 겁니다. 작은 회사들은 아직 퇴직금을 유지하고 있습니다.

국가에서는 퇴직연금을 장려하고 있습니다. 그만큼 혜택을 주고, 유리하게 설계한다는 뜻이죠. 가장 큰 혜택이 세액공제입니다. 퇴직금은 세금 혜택이 없습니다. 이 부분은 회사에서 선택하므로 우선은 내가 받을 수 있는 것이 퇴직금인지, 퇴직연금인지 확인해봐야겠죠. 유튜브를 볼 때도 우리 회사가 퇴직연금 제도를 도입하지 않았다면 관련 콘텐츠를 볼 필요가 없습니다.

② 퇴직연금의 세 가지 방식: IRP 계좌, DB형, DC형

• IRP(개인형 퇴직연금): 이직하거나 퇴직할 때 퇴직금을 개인적으로 계속 운용할 수 있는 계좌입니다. 최근에는 10인 미만의 기업도 IRP 계좌를 사용해 연금을 준비할 수 있게 되었습니다.

• DB(확정급여형): 퇴직 시 받을 금액이 정해져 있으며 회사가 운용 책임을 집니다. 한마디로 회사가 굴리고 있으니 나는 신경 쓸 게 없습니다. 회

사 입장에서는 DB형으로 굴리면 근로자에게 정해진 돈을 줘야 합니다. 만약 근로자가 퇴직하는 일자가 되었는데, 투자한 돈이 −50%라면 어떻게 될까요? 난리가 나겠죠? 그래서 대부분 DB형은 예·적금, 혹은 매우 안전한 방식으로 굴러갑니다. 대신 수익률이 최저 수준입니다. 만약 여러분 회사의 퇴직연금 계좌가 DB형에 해당한다면 개인연금은 반드시 좀 더 공격적인 투자로 수익률을 높여야 합니다.

• DC(확정기여형): 매달 일정 금액이 적립되고, 근로자가 알아서 투자 상품을 운용합니다. 잘 관리하면 큰 수익을 낼 수 있습니다. 반대로 잘 관리하지 못하면 손실을 볼 수도 있습니다. 여기서 포인트는 '관리'겠죠? 더 구체적으로 얘기한다면 투자를 안정적으로 잘 하는 겁니다. 이 부분은 뒤에서 다시 정리하겠습니다.

이제 우리 회사가 IRP 계좌인지, DB형인지, DC형인지 확인해야겠죠.

③ IRP 계좌 추가 납입하기 (세액공제 혜택)

퇴직연금은 기본적으로 회사가 납입합니다. 그래서 '확정적으로 기여하냐?', '확정적인 급여를 주냐?'라고 표현하는 것입니다. 그런데 IRP 계좌라면 근로자가 퇴직연금에 추가로 돈을 더 넣을 수도 있습니다. 이를 IRP 추가 납입이라고 부릅니다. 이전 페이지에서 챌린지로 연금액을 확인했다면 연금이 부족한지 판단할 수 있었을 겁니다(제발 계산해보세요).

여기서 연금이 부족하다면 이를 보완할 수 있는 두 가지 선택지가 있습니다. ①IRP 추가 납입, ②개인연금 가입입니다. 소득이 충분하다면 세액공제 한도를 채워서 1, 2번을 모두 가입하는 걸 권장합니다.

④ 추가 납입 권장 금액

세금을 줄이는 건 기본입니다. 앞서 이야기했듯, 변동적인 투자 수익률을 높이려고 하기보다 100% 확정인 비용을 먼저 줄여야 합니다. 여기에 해당하는 것이 수수료와 세금입니다. IRP나 연금저축 계좌에 연간 최대 900만 원(연금저축 단독은 600만 원)까지 납입 시, 최대 16.5%(148.5만 원)의 세액공제를 받을 수 있습니다. 단, 최대 공제를 받으려면 총급여가 5,500만 원 이하여야 합니다. 900만 원을 12개월로 나누면 한 달에 약 75만 원씩 입니다. IRP에 추가 납입을 하고, DC형이라면 수익률도 높여야겠죠? 이 내용은 뒤에 포트폴리오 파트에서 더 이야기하겠습니다. 예·적금과 같은 안전 자산으로는 절대 넣지 마세요.

내 퇴직연금 알아보기

Q. 여러분이 다니는 회사는 퇴직금과 퇴직연금 가운데
어떤 제도를 사용하나요?

Q. 퇴직연금 제도라면 어떤 유형인가요? [DB형/DC형/IRP 계좌]

Q. 퇴직연금 계좌에 추가 납입 계획이 있나요?

Q. 어떻게, 얼마씩 납입할 예정인가요?

개인연금은
연금저축펀드로 하세요

개인연금에도 종류가 많습니다. 굳이 따지자면, 연금저축펀드, 연금저축보험, 연금보험, 변액연금 등이 있습니다. 여러분이 수십 억대 자산가가 아니라면, 이 중에서 연금저축펀드를 하는 게 가장 낫습니다.

① 왜 연금저축펀드인가?

연금저축 상품은 세액공제를 받습니다. 대신 노후에 연금 소득세를 납부합니다(3.3~5.5%). 반대로 '저축'이라는 말이 붙지 않은 연금보험과 변액연금 상품은 당장의 세금 혜택은 없지만, 추후에 연금 소득세를 납부하지 않습니다. 그래서 이 상품들은 보통 비과세라고 홍보합니다.

이렇게 들으면 비과세 혜택이 있는 보험 상품이 좋아 보이지만, 실제로는 큰 리스크가 있습니다. 바로 보험 상품의 수수료입니다. 기사에 따르면, 연금보험의 수수료는 매월 납입 금액의 7%에 달한다고 합니다. 심지어 물가 상승률 이상의 수익률도 내지 못하면서 말이죠.[1] 비용을 냈는데, 그만큼 효과가 없다면 굳이 가입할 필요가 없겠죠.

② 연금저축펀드의 혜택

이렇게 이야기하면, '증권사 직원인가…' 오해하실 수도 있겠네요. 저는 안지향이라는 평생교육원만 운영하고 있으니 안심하셔도 됩니다. 왜 이렇게 이야기하는지 연금저축펀드의 기능을 살펴보겠습니다.

• 연금저축펀드는 연금저축 계좌를 통해 다양한 펀드와 ETF에 투자할 수 있는 상품입니다. 참고로 퇴직연금은 30%의 안전 자산을 선택해야 한다는 제한이 있습니다.

• 총급여 5,500만 원 이하 또는 종합소득 4,500만 원 이하인 경우, 납입 금액 600만 원(퇴직연금 포함 시 최대 900만 원)까지 공제율이 16.5%고, 총급여 및 종합소득이 위 금액을 초과할 경우, 공제 한도는 동일한 대신 공제율이 13.2%입니다.

• 수수료가 없습니다. 같은 선상에서 비교할 수 있는 퇴직연금 IRP 계좌 추가 납입 시에는 수수료가 있습니다.

③ 무엇에 투자할지는 뒤에서 이야기하겠습니다.

---

1) [개인연금 비상] ① 보험사에 맡긴 노후자금 '마이너스'… 月 100만원 중 10만원 사업비 때 가, 《조선비즈》, 2024.05.20.
　　연금저축 1년 수익률, 펀드가 보험사 상품 보다 높아…피델리티운용 21.8% '톱', 《소비자가만드는신문》, 2025.03.13.

연금저축펀드 알아보기

Q. 국민연금과 퇴직연금으로 연금이 쌓이고 있습니다.
개인연금 상품을 추가로 가입해야 할까요?

Q. 개인연금 상품 네 가지[연금저축보험, 연금저축펀드, 연금보험, 변액연금]
중에서 무엇을 고르실 건가요?

은행 직원이 추천해도
절대 가입하면 안 되는 상품

통장 부분을 마무리하면서 절대 가입하면 안 되는 상품에 대해서도 언급하겠습니다. 당연히 특정 상황에서는 이 상품들도 효용이 있을 수 있습니다. 하지만 저희 가족이라면 굳이 가입을 권하지 않겠습니다.

① 변액연금

높은 수익률을 약속하지만 실제로는 수수료가 매우 높습니다. 운용 수수료, 보험 사업비 등 각종 수수료가 합쳐지면서 실제 이익은 크게 줄어듭니다. 아무튼 '변액'이라는 키워드가 붙은 상품은 수수료가 크기 때문에 무조건 피해야 합니다.

② 유니버셜 종신 보험

사망 보장과 저축 기능을 합친 상품이라고 소개하지만, 보장과 저축 모두 어중간하게 구성되어 있습니다. 높은 보험료와 수수료 탓에 저축과 보험을 따로 가입하는 게 훨씬 이득입니다.

③ 저축성 보험

안정적으로 돈을 모을 수 있다고 광고하지만 수익률은 저축 상품 대비 현저히 낮습니다. 중도 해지 시 돌려받는 금액이 원금보다 적거나 큰 손실을 볼 수도 있습니다.

④ 외화보험(달러보험 등)

환율 변화로 인한 환차손 위험이 크고, 환전 수수료와 보험 사업비 등 각종 비용이 많습니다. 높은 수수료로 인해 실제로 투자자의 손에 남는 금액이 예상보다 훨씬 적습니다.

예·적금만 했다면 주식이 아니라 저위험 상품부터 하세요

적금부터 하라는 말은 왜 맞고, 왜 틀렸을까

먼저 기준을 잡겠습니다. 무턱대고 상품부터 설명하면, 왜 투자해야 하는지 공감이 안 될 겁니다.

우리 모두가 처음 직장 생활을 시작하면 듣는 이야기가 있습니다. 저도 예외는 아니었습니다. 군인으로 140만 원을 받았을 때부터 "군인 적금에 가입해"라는 말을 들었습니다. 부모님에게도, 선배님에게도, 심지어 인터넷에 '군인 재테크' 같은 걸 검색해도 그렇게 나옵니다. 군인 적금의 이자율이 특별히 높아서 그런 게 아닙니다. 사회 초년생을 위한 적금은 대체로 이율이 높습니다. 그래서 모든 사회 초년생은 적금부터 부으라는 사회의 압력을 받습니다. 한마디로 가스라이팅을 당합니다. 하지만 적금은 그다지 도움이 되지 않습니다. 여러분이 어떤 재테크를 하더라도 도움될 이야기니 꼭 기억해두셔야 합니다. 지금껏 재테크로 예금만 했다면 통장 잔고가 크게 달라지지 않았을 겁니다.

풀어서 설명해보겠습니다. 우리는 경제학과 교수가 되는 게 목표가 아니므로 이해에 도움이 될 만한 정도로만 간략하게 정리하겠습니다.

개념 ① 구매력

말 그대로, 구매할 수 있는 힘을 뜻합니다. 여러분 통장에 300만 원이 있다면 300만 원짜리 신형 컴퓨터를 살 수 있는 힘이 있는 겁니다.

개념 ② 물가상승률

물건의 가격을 줄여서 물가라고 부르고, 작년, 지난달, 3개월 전과 비교해서 높아진 물가의 비율을 물가상승률이라고 부릅니다.

개념 ③ 예금 이자율

은행의 예금에서 위험 없이 가져갈 수 있는 수익률입니다.

이 세 가지 개념들에는 어떤 의미가 있을까요? 아이폰으로 예를 들어보겠습니다. 11년 전에 출시된 아이폰5는 약 78만 원이었습니다. 작년에 출시된 아이폰 15는 약 125만 원에 판매되었습니다. 연평균으로 따지면 5.34%씩 이자가 붙은 셈입니다. 같은 기간 동안 은행 예금의 이자는 연평균 2.5%였습니다.

쉽게 말해서 78만 원의 현금을 예금으로 갖고 있었다면 1년 후에는 아이폰을 못 사게 된다는 뜻입니다. '뭐, 아이폰 정도야 참지!'라고 생각할 수도 있습니다. 그렇다면 부동산은 어떨까요? 부동산 역시 물건입니다. 매수할 돈을 1년간 은행에 넣었다가 다음 해에 매매하려고 하면 더 올라 있을 수도 있습니다. 내년에 자동차를 사려고 해도 마찬가지입니다. 아이를 키우는 일도 미루면 미룰수록 더 큰돈이 들어가기 쉽습니다.

【 아이폰 가격과 예금 이자율의 변화 】

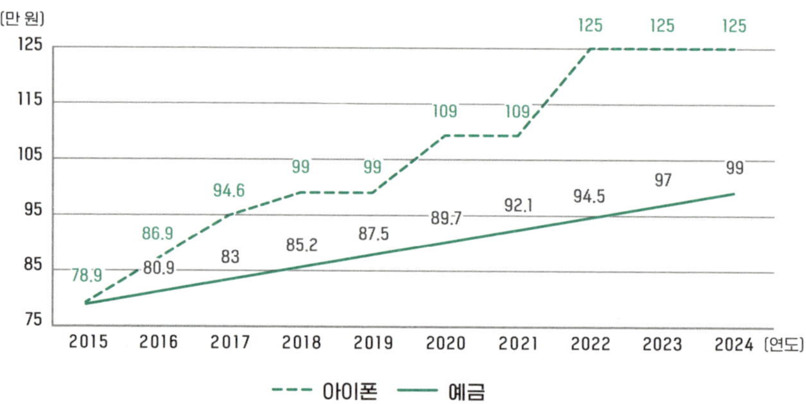

지난 10년간 물가상승률은 연평균 1.97%, 예금 이자율은 연평균 2.23% 였습니다. 예금이 약간 우세했죠. 하지만 이 통계에는 부동산 상승률이 포함되어 있지 않습니다. 이것까지 포함한다면 예금 이자율은 거의 무의미합니다.

구매력이 떨어지는 것은 특히 소득이 줄어드는 노후에 문제가 됩니다. 당장은 예금만 하더라도 큰 문제가 없을 수 있습니다. 고정적인 월급이 있기 때문입니다. 또 연봉 역시 해마다 오릅니다. 하지만 은퇴를 하면 매달 들어오는 수입이 사라집니다. 재취업을 한다고 해도 이전 직장보다 월급이 오르기는 어렵습니다. 즉, 젊었을 때보다 구매력이 매우 떨어집니다.

따라서 지금부터 예금 다음 단계의 재테크를 배워야 합니다. 그렇지 않으면 미래가 매우 어둡습니다. 어머니 세대에는 예금만으로도 괜찮았지만, 우리 세대는 아닙니다. 은퇴한 어머니 세대가 지금의 직장인들에게 "일단 예금이나 해라"라고 조언할 수는 있습니다. 정확히 말하면, 그땐 맞는 말이었지만, 지금은 틀린 말입니다. 저는 군인 적금을 했던 것을 후회하고, 제 동생에게도 적금을 하라고 하지 않았고, 앞으로 저를 만나는 그 누구에게도 예·적금을 하라고 하지 않을 겁니다. 일부 목적을 제외하곤 말입니다.

1960년대 생인 어머니 이야기를 잠깐 해보겠습니다. 어머니는 경상북도 시골에서 자라며 학교를 마치면 곧장 밭일을 나가셨다고 합니다. 일은 많고, 일손이 부족했을 때입니다. 1970~80년대는 우리나라가 고도성장을 할 때이므로, 국민소득이 매년 7~9%씩 성장했고, 예금 금리는 15~20% 수준으로 높았습니다. 맡은 일을 열심히 하고 예금에 차곡차곡 쌓아두기만 해도 자산이 저절로 불어났다는 이야기입니다.

어머니가 결혼하고 저희를 한참 기르던 1990년대 후반에 IMF가 터졌습니다. 부모님이 금반지를 기부하던 모습이 지금도 생생합니다. 어린 마음에 저는 아까운 생각이 들었지만, 부모님은 그렇지 않으셨던 것 같습니다. 그때도 예금 금리는 10% 수준이었습니다. 참고로, IMF 당시에는 고금리로 20%가 넘는 예금도 있었습니다. 어려움에도 불구하고 예금을 했다면 자산이 불어났을 거란 이야기입니다. 물론 해고를 당한 상황에서는 쉽지 않았겠죠.

2000~2010년대는 저를 대학에 보내고, 동생은 학원을 보낼 때입니다.

2008년도 금융위기 이후, 본격적으로 글로벌 저금리가 시작되었습니다. 예금 금리는 5% 수준으로 떨어졌습니다. 이로써 저금리 대출을 이용한 부동산 투자, 펀드 투자, 주식 투자가 유행하기 시작합니다.

2020년대에 어머니는 일을 그만두셨습니다. 어머니는 직장 생활을 하시는 동안 5~20%의 은행 금리를 이용했습니다. 참고로 워런 버핏의 연평균 수익률이 20% 수준입니다. 그냥 예금을 잘 골라서 넣기만 해도 워런 버핏 수준으로 돈을 굴릴 수 있었다는 이야기입니다(위의 금리들은 '평균값'입니다. 은행 특판도 있었고, 30% 짜리 재형저축이라는 상품도 있었습니다).

지금의 세대는 다릅니다. 2010년대의 금리는 5% 수준이었지만, 2020년 코로나19 팬데믹 때는 제로 금리까지 내려갔습니다. 2022년 잠깐 고금리로 돌아섰지만, 이 책을 쓰고 있는 2024년에는 또다시 금리 인하가 논의되고 있습니다. 어머니는 사회생활을 하는 동안 평균 20% 수준으로 예금을 굴렸지만, 자식들은 평균 3% 수준만 되어도 감사하다고 해야 합니다.

물론 과거에 비해 지금은 비교적 편한 환경에서 일하고 있다는 점을 감안해야 합니다. 따라서 우리는 부모님이 노력했던 것과 다른 방식으로 노력해야 합니다. 어머니가 토요일에도 일하며 20% 예금에 가입했다면, 우리는 토요일에 일을 쉬는 대신 20% 투자를 목표로 공부해야 합니다.

기준점은
은행 예금부터

우리도 어린 시절에 저축 교육을 받은 적이 있습니다. 제가 은행에 근무할 때도 매달 유치원 아이들이 와서 1만 원씩 적금을 넣곤 했습니다. 초등학생들도 학교에서 어린이 통장을 만들어 적금을 납입합니다. 아마 여러분은 지금에서야 기억이 떠올랐을 겁니다. 다 잊어버리셨죠? 이때 받았던 교육이 우리가 받은 거의 유일한 금융 교육입니다.

남는 돈 → 은행 적금 → 만기 이자 수령

지금부터는 이것을 좀 더 깊이 이해해보는 시간을 갖겠습니다. 예·적금을 제대로 알아야 그다음 상품으로 무엇이 나은지, 무엇이 별로인지 알 수 있습니다. 사람은 무언가 비교할 대상이 있어야 좋다, 나쁘다를 판단할 수 있으니까요. 수익률 10%는 적금만 하던 사람에게는 크고, 매년 20%의 수익을 내는 워런 버핏에게는 작은 수치입니다. 여기서는 은행 예·적금이 비교 대상입니다.

그렇다면 예금과 적금은 어떻게 다를까요? 이 차이점은 투자할 때도 알아야 하는 개념입니다. 간단히 정리하자면, 예금은 목돈을 한 번에 넣는 상품이고 적금은 다달이 적립해 목돈을 만드는 상품입니다. 여러분이 월급에서 100만 원씩 저축을 한다고 가정해봅시다. 이때 선택하는 상품은 적금입니다. 이번에는 여러분이 1,000만 원 성과급을 받아서 묶어둔다고 해봅시다. 이때 선택해야 하는 상품은 예금입니다. 여기서 수익률에 대한 차이가 생깁니다.

1,200만 원을 10% 예금(1년 만기)에 넣었습니다. 원금 1,200만 원 + 이자 120만 원이 생겨서 총 1,320만 원(세전)을 받습니다. 이번에는 1,200만 원 (월 100만 원씩)을 10% 적금에 넣었습니다. 이때도 똑같이 1,320만 원이 나올까요? 아닙니다. 이자로 예금의 약 절반인 67만 원을 받게 됩니다. 왜 이런 일이 발생할까요?

	1월	2월	3월	4월	5월	6월	7월	8월	9월	10월	11월	12월
100만 원												
100만 원												
100만 원												
100만 원												
100만 원												
100만 원												
100만 원												
100만 원												
100만 원												
100만 원												
총 1,200만 원												

그림으로 그려보겠습니다. 예금은 첫 달에 1,200만 원이 전부 들어갑니다. 그래서 왼쪽 그림처럼 원금이 전부 이자율을 적용받습니다.

적금은 그렇지 않습니다. 아래 그림처럼 중간에 들어간 돈은 이자가 붙을 시간이 적습니다.

	1월	2월	3월	4월	5월	6월	7월	8월	9월	10월	11월	12월
100만 원												
	100만 원											
		100만 원										
			100만 원									
				100만 원								
					100만 원							
						100만 원						
							100만 원					
								100만 원				
									100만 원			
										100만 원		
											100만 원	

자, 어릴 때 배운 배운 도형의 넓이를 구하는 공식을 생각해보세요. 사각형 면적을 구할 땐 가로 × 세로입니다. 사각형을 절반으로 자른 삼각형 면적을 구할 땐? 가로 × 세로 ÷ 2를 합니다. 결론적으로, 적금은 쓰여 있는 이자율은 예금보다 높을 수 있지만, 실수령액은 예금에 못 미칩니다. 이 개념을 알아야 나중에 투자 수익률도 올바르게 판단할 수 있습니다.

이자 소득세

그다음에 알아둬야 할 개념은 세금입니다. 우리나라는 거의 대부분의 소득에 대해서 세금을 뗍니다. 투자할 때도 마찬가지입니다.

① 이자 소득세

② 배당 소득세

③ 사업 소득세

④ 월급을 받았을 때 근로 소득세

⑤ 연금을 수령할 때 연금 소득세

⑥ 부업을 할 때 기타 소득세

여기서 이자 소득세는 이자에 대해 14%의 소득세와 1.4%의 농어촌특별세가 부과되는 개념입니다. 총합 15.4%를 뗀다는 뜻입니다. 여기서 많이 헷갈리는 부분은 다음입니다.

원금 1,000만 원 + 이자 100만 원을 받으면 1,100만 원의 15.4%, 즉 169만 원을 가져간다고 착각하는 겁니다. 하지만 그게 아니라 이자인 100만 원에 대해서만 15.4%를 세금으로 납부하면 됩니다. 즉, 15만 4,000원이 빠져나가는 셈이죠.

이걸 명확히 구분하지 않으면 세금에 대해 오해를 할 수 있습니다. 예를 들어, 위 상품이 비과세라고 해봅시다. 그러면 169만 원이 아니라 15.4만 원의 이익을 보는 셈입니다. 비과세 혜택을 과대평가하지 않게 된다는 뜻입니다. 자산이 커질수록 세금이 중요해지지만, 처음에는 그보다 수익률을 더 우선순위로 두어야 합니다.

예금자 보호에 대해서도 짚고 넘어가겠습니다. 은행의 예·적금 이야기를 하면 빠질 수 없는 개념이 예금자 보호입니다. 은행에서는 1인당 1억 원까지 예금자 보호를 해줍니다. 은행이 망해서 돈을 돌려줄 수 없다고 하더라도 정부에서 1억 원까지는 책임지고 보호해준다는 뜻입니다. 나아가 정부에서 운영하는 우체국은 예금자 보호를 무한정으로 제공합니다.

하이리스크High Risk, 하이리턴High Return이라는 말을 들어보셨을 겁니다. 안전할수록 수익은 작아집니다. 예금자 보호가 있는 상품은 수익을 크게 내기 어렵다는 뜻입니다.

예금자 보호

몇 가지 용어를 설명하면서 좀 더 파헤쳐보겠습니다.

- **예금자**: 은행에 예금한 사람
- **보호**: 은행이 망하더라도 정부에서 돈을 보증해준다는 뜻

예금이 아닌 상품에서 예금자 보호를 찾으면 안 됩니다. 주식에 투자하면서 "왜 예금자 보호가 안 되나요?"라고 물으면 안 된다는 뜻입니다. 채권도 마찬가지고, CMA도 마찬가지입니다(일부 증권사 CMA는 예금자 보호가 되는 경우가 있습니다. 특수한 사례입니다).

그렇다면 왜 정부는 예금자 보호 제도를 실시하게 되었을까요? 아주 중요한 포인트이니 역사 이야기라고 대충 넘어가지 마세요. 돈이 되는 투자를

하려면 이런 역사를 많이 알아야 합니다. 은행 파산을 뜻하는 영단어는 뱅크런Bank Run입니다. 은행에서 돈이 달려 나갔다는 의미입니다. 돈이 달려 나가다니? 어떻게 이런 일이 있을 수 있죠?

1930년대 미국에는 한 대형 은행이 망할 것 같다는 소문이 파다하게 퍼졌습니다.

"그 은행이 부실한 곳에 돈을 빌려줬대."

"예금을 돌려줄 만큼도 돈이 없다는데."

은행에 돈을 맡긴 사람들은 점점 불안해졌습니다. 그래서 예금을 해지하기로 마음먹었습니다. 한 명, 두 명, 열 명, 백 명, 천 명이 돈을 인출했습니다. 그렇게 실제로 은행 창고에서 돈이 사라졌습니다. 소문이 사실이 된 겁니다.

문제는 은행의 예금이 없어지면, 대출도 실행될 수 없다는 것이었습니다. 은행은 100억을 가지고 있으면 대출로 1,000억을 내보내는 구조입니다. 이를 '지급준비율'이라고 합니다. 은행이 보유한 100억이 50억이 되면, 대출이 가능한 금액 역시 500억으로 줄어듭니다. 다시 말해서, 당장 자금이 필요한 기업들이 공장을 짓지 못하고, 대금을 지급하지 못하고, 유능한 인재를 고용하지 못하는 겁니다. 결과적으로 경제 전반이 위축됩니다. 소문 때문에 실물 경제까지 악화되는 셈입니다.

이런 사태를 막기 위해 정부에서는 예금자 보호 제도를 만들었습니다. "그렇게 소문만 믿고 돈을 찾으면 진짜로 은행이 망하고, 경제도 안 좋아져요. 그러니까 안심하세요"라고 약속한 겁니다. 우리나라에서도 2023년 새마을금고 뱅크런 사태가 있었습니다. 고금리 장기화로 인해 새마을금고가 망할 것 같다는 소문이 돌았었습니다. 왜 예금자 보호 제도가 생겼는지 알 수 있겠죠? 그럼 한 발 더 나아가보겠습니다.

불신에는 비용이 따릅니다. 예를 들어, 저는 직원들을 고용해 유튜브 영상을 만들고, 수강생 관리, 강의 판매 등을 하고 있습니다. 제가 직원들을 믿지 못해 사무실에 CCTV를 설치하고, 출퇴근 감시용 근태관리 프로그램을 설치했다고 해봅시다. 직원들을 믿는다면? 이런 비용이 들어갈 일이 없겠죠.

예금자 보호 제도도 마찬가지입니다. 우리나라에는 예금보험공사라는 공공기관이 있습니다. 은행이 망하게 되었을 때 보험금으로 예금자들을 보호해주는 겁니다. 그렇다면 이곳에 근무하는 사람들의 인건비가 필요하겠죠. 물론 이 돈을 전부 세금으로 충당하지는 않습니다. 은행은 예금보험공사에 예금보험료를 납부합니다. 이 때문에 우리에게 더 높은 예금 이자를 줄 수 없고, 더 낮은 이자의 대출을 실행할 수 없습니다. 게다가 보험금을 가만히 둘 수도 없습니다. 첫 부분에 이야기한 것처럼 돈은 가만히 두면 물가상승률에 의해서 가치가 떨어집니다. 그래서 예금보험금도 투자를 합니다. 2024년 기준, 예금보험금의 투자 현황입니다.

【 2021~2023년 예금보험기금 운용 규모 및 수익률 】

단위 : 억 원, %

연도	2021년		2022년		2023년	
구분	규모(평잔)	수익률	규모(평잔)	수익률	규모(평잔)	수익률
예치금	74,662	1.20	79,909	2.23	60,595	4.01
채권	61,393	0.21	64,775	0.59	93,887	4.90
연기금투자풀(MMF)	1,875	0.82	3,642	2.32	5,822	3.90
연기금투자풀(국공채)	-	-	-	-	-	-
합계	137,930	0.73	148,326	1.58	160,304	4.50

출처 : 예금보험공사

【 예보기금 운용비중(2023년 12월 말 기준) 】

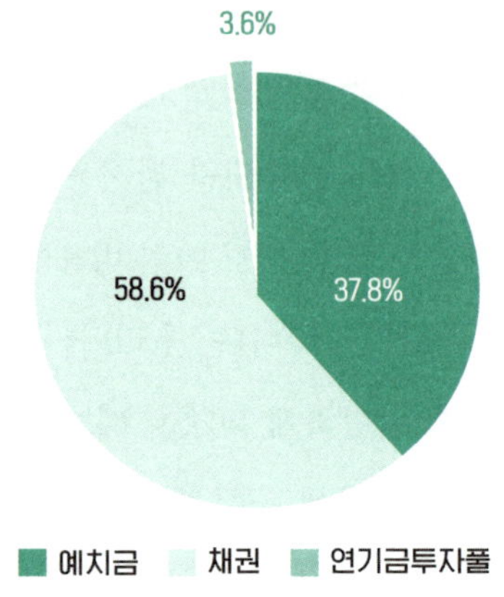

　　예금보험공사는 예금, 채권, MMF 같은 곳에 투자하고 있습니다. 여기에서 낸 수익으로 예금한 사람들을 보호하고 있습니다. 특히 채권은 4.9%의 수익률을 올렸습니다. 이상하지 않나요?

　　그렇다면 우리는 예금 대신 채권이나 MMF에 투자하면 되지 않을까요? 어차피 예금자를 보호하려고 예금보험공사에서 다양한 곳에 투자하고 있다면 말입니다. 이 책을 펼쳐든 여러분은 이제부터 재테크 어린이가 아닙니다. 보호를 받을 필요가 없어질 겁니다. 이 다음 장에서부터는 예금자 보호가 되지 않는 상품들에 대해서 하나씩 정리하겠습니다.

예금 이해하기

Q. 목돈 1억 원이 있습니다. 예금을 해야 할까요?
적금을 해야 할까요?

Q. 예금자 보호를 무한정 받을 수 있는 금융기관은 어디일까요?

예금과 주식 사이의
완충지대

저위험 상품이란 뭘까요? 유튜브를 보신 분들은 어렴풋이 알 겁니다. 참고로 금융 업계에서 '저위험 상품'이라고 설명하는 경우는 잘 없습니다. 증권사 홈페이지에 검색해도 나오지 않을 거예요. 저위험 상품은 손실이 거의 없으면서 수익은 예금보다 1~3% 더 기대할 수 있는 상품을 뜻합니다. 여기서 짚고 넘어갈 것은 '거의'와 '기대'입니다.

손실이 거의 없다는 말은 뒤집어서 이야기하면, '위험이 있긴 있다'는 뜻입니다. 굳이 확률로 이야기하자면, 아마도 1% 미만일 겁니다(상품에 따라, 상황에 따라 다릅니다). '기대'라는 단어도 생각해봐야 합니다. 투자는 수익률에 변동이 있습니다. 따라서 좋은 상품을 골랐다면 1~3%의 수익률을 더 올릴 수 있습니다. 반대로 내가 실수했다면 그만큼 수익률이 더 안 좋을 수도 있습니다. 주식 투자를 할 때는 좋은 투자를 해서 열 배의 수익도 기대할 수 있지만, 반대로 상장폐지가 되었을 때는 휴지 조각이 됩니다. 주식과 비교하자면 저위험 상품은 변동 폭이 작다는 이야기입니다.

게다가 저위험 상품은 예금보다는 주식 투자와 유사한 점이 많습니다. 예를 들어, 은행에 예금만 했던 분들은 '3년 만기 채권'을 설명하면 '3년 뒤에만 돈을 찾을 수 있나요?'라고 묻습니다. 예금의 만기 개념에 갇혀 있기 때문입니다. 하지만 저위험 상품을 통해서 투자 연습을 하다 보면 '아, 채권은 펀드ETF형태로 투자하면 만기까지 기다리지 않아도 되는구나'라고 이해하게 됩니다.

이는 주식 투자에도 그대로 적용됩니다. 6% 배당주 종목을 골라 투자했다고 가정해봅시다. 예·적금만 했던 분들은 1년을 기다려야 6% 배당을 받는다고 생각합니다. 하지만 저위험 상품으로 경험을 쌓은 분들은 굳이 1년을 채우지 않아도 된다는 것을 알고 있습니다. 당장의 수익률은 1~3% 차이로 크지 않을 수 있지만, 이렇듯 실력과 경험을 쌓는다는 측면에서 저위험 투자는 매우 도움이 됩니다.

여기서 소개할 저위험 상품들은 여덟 종류입니다. 생각보다 많죠?

- CMA 발행어음
- MMF
- 단기채권 펀드
- 단기채권 ETF
- 금리형 ETF

- 장외채권

- 장기우량회사채 펀드

- 회사채 ETF

이것을 두 부분으로 나눌 수도 있습니다. 우리나라에는 투자 상품의 위험도를 평가하는 체계가 있습니다. 이를 투자위험등급이라고 합니다. 1부터 6등급까지 있는데, 6등급이 가장 위험도가 낮은 상품들입니다. CMA 발행어음, MMF, 단기채권 펀드, 단기채권 ETF, 금리형 ETF가 여기에 해당합니다. 여기서 위험과 수익률을 조금 더 높이면 5등급이 됩니다. 장외채권과 장기우량 회사채 펀드, 회사채 ETF가 여기에 해당합니다. 이 분류에 따라서 5~6등급 저위험 상품들을 알아보겠습니다(이 책의 투자법에 따라서 상품을 고를 때를 뜻합니다. 투자 등급이 더 높고 위험한 ETF 또는 채권도 있습니다).

① 원금을 빌려주고 이자 받는 법(친구 말고)

기본적으로 이해해야 할 상품은 채권입니다. 증권사 직원이 목표가 아니라면 다음 설명 정도로 충분합니다. 친구가 용돈이 떨어져서 1,000원을 빌려달라며 나중에 1,100원으로 갚겠다고 약속했습니다. 이때 친구와 쓴 계약서가 바로 '채권'입니다. 물론 친구와 말로만 약속을 할 수도 있습니다. 이해하기 쉽게 계약서가 있다고 가정한 겁니다.

② 빌려주는 기간

투자는 하이리스크, 하이리턴입니다. 그렇다면 돈을 하루 뒤에 받는 것과

1년 뒤에 받는 것 중 어느 쪽이 더 위험할까요? 당연히 오래 빌려주는 쪽이 더 위험하겠죠. 그래서 빌려주는 기간이 길어지면 이자(수익)를 더 많이 받아야 합니다. 돈을 짧게 빌려주면 단기채권이라고 부르고, 길게 빌려주면 장기채권이라고 부릅니다. 일반적으로 3년 이내면 단기, 20년 이상이면 장기로 분류합니다. 그 중간 기간은? 중기채권이 되겠죠.

③ 누구한테 빌려주냐

삼성전자처럼 돈을 잘 버는 회사가 채권을 발행하면, '아유, 저 회사는 잘나가니까 돈 떼일 걱정 없겠지?' 하고 믿고 사려는 사람이 많아요. 그러면 이자가 좀 낮습니다. 금리를 높게 쳐주지 않아도 채권을 사려는 사람들(돈을 빌려주려는 사람)이 많으니까요. 반대로 신생이나 소규모 회사가 채권을 만들면, '혹시 망하면 어떡하지?' 하고 걱정하는 마음에 사람들이 돈을 잘 안 빌려주려고 하겠죠. 이자라도 많이 줘야 살 마음이 생겨요. 그렇다면 국가가 발행하는 채권은 어떨까요? 망할 위험이 현저히 낮으므로 이자도 비교적 낮은 편입니다. 물론 국가도 국가 나름이라서 미국 채권과 브라질 채권처럼 국가의 신뢰도에 따라서도 금리가 달라집니다.

이처럼 국가에서 발행하는 채권을 '국채'라고 부릅니다. 국채 역시 빌려주는 기간에 따라 장기국채와 단기국채로 나뉩니다. 이 정도만 알고 넘어가겠습니다.

저위험 상품 이해하기

Q. 장기채권과 단기채권 중 수익률이 더 높은 것은?

Q. 대한항공의 채권과 우리나라 정부의 채권 중
수익률이 더 높은 것은?

매일 이자 주는
CMA 통장 발행어음형

앞서 이야기했듯, 투자는 위험도에 따라 6등급으로 분류합니다. 예·적금을 탈출하면 가장 먼저 알아야 하는 것은 CMA 통장입니다. 차근차근 실력을 높인다는 관점에서 처음으로 만들어야 할 계좌죠. 이미 앞에서 언급했으므로, 간단하게만 알아보겠습니다.

CMA 통장은 Cash Management Account의 약자입니다. 그대로 해석하면 현금을 관리하는 계좌라는 뜻입니다. 실제로는 '증권사에서 만들 수 있는 기본 계좌'를 뜻합니다. 일반적으로 증권사에서 계좌를 개설하면 자연스럽게 생깁니다.

CMA 통장은 세 가지만 알면 됩니다.

CMA 통장은 일정 시간이 지나면 매일 이자를 줍니다. 예를 들어, 10만 원을 맡겨두면 하루에 약 10원씩 들어오는 식입니다. 직접 계산해봅시다. CMA 통장 연 이자율을 3.7%라고 가정해봅시다.

① 10만 원을 맡겼습니다.
② 0.037을 곱해줍니다.
③ 3,700원이 나옵니다.

대부분은 이렇게 1년에 '3,700원을 주겠거니…' 하고 대충 생각합니다. 사실은 이렇습니다.

④ 연 이자율이라고 했으므로 3,700원을 365로 나눠줍니다.
⑤ 10.1원이 나옵니다.

그런데 여기에서 세금을 떼어야 합니다. 세금은 원천징수됩니다. 여러분의 계좌에 돈을 넣어주기 전에 미리 뗀다는 뜻입니다.

⑥ 10.1원의 15.4%에 해당하는 1.55원을 빼줍니다.

⑦ 결과적으로 8.55원을 받습니다.

또 생각해볼 것이 있습니다. 실제로는 8.55원과 달라질 수 있습니다. CMA 통장의 이율은 계속해서 변하기 때문입니다. 예를 들어, 1월부터 6월까지는 3.7%를 적용받다가 증권사의 방침으로 이율이 3%로 줄어들었다면 예상보다 수익이 적어집니다. 여러분이 선택한 CMA 통장의 유형도 이자에 영향을 미칩니다. 이건 뒤에서 설명하겠습니다.

여기서 얻을 수 있는 세 가지 교훈이 있습니다. 나중에도 써먹을 겁니다. 첫째, 수익률은 계속해서 변합니다. 투자의 세계로 나온 이상, 이제부터 고정된 이자를 받는 일은 거의 없습니다. 첫걸음인 CMA 통장조차도 금리가 변합니다. 둘째, 세금은 어디에서나 떼갑니다. 소득이 있는 곳에 세금도 있다는 건 기본입니다. 우리는 이를 아끼기 위해 절세 상품들에 대해 배울 겁니다. 셋째, 기간에 따라 수익률이 변합니다. 은행의 예금과 비교하려면 1년 단위로 바꿔줘야 합니다. 3개월 만에 5% 수익을 본 것과 1년 동안 5% 이자를 받은 것은 네 배나 차이가 나는 이야기입니다.

이 세 가지 내용만 숙지하더라도 여러분은 금융사의 마케팅에 속지 않을 수 있습니다. 예를 들어, 어떤 보험에 가입하면 20% 수익을 준다고 합니다. 그런데 만기가 되는 시기가 10년 뒤입니다. 그렇다면 실상은 2%짜리 예금에 가입한 것보다 못합니다(복리를 떠나 중간에 돈도 쓸 수 없게 되니 오히려 손해입니다).

하나 더 알아야 할 것은 수시입출금입니다. 용어가 낯설 수 있습니다. 쉽게 말해 언제나 입금과 출금이 된다는 이야기입니다. 예·적금을 주로 했었다면 '중도해지'라는 말을 들어봤을 겁니다. 계좌를 중간에 해지하면 약속한 이자를 못 받거나 적게 받는다는 뜻입니다. 그런데 CMA 통장은 매일 이자를 주고 있죠? 그래서 언제 돈을 찾더라도 이자를 받을 수 있습니다.

그다음으로는 CMA 통장을 발행어음으로 업그레이드합니다. 처음 CMA 통장을 배웠을 때 '현금을 관리하는 계좌'라고 설명했습니다. 관리한다는 건 쉽게 두지 않는다는 이야기입니다. 선생님이 학생을 관리한다면? 학생이 계속 공부하도록 도와줘야겠죠. 투자에서도 마찬가지입니다. 현금이 계속 일을 하도록 도와주는 겁니다. CMA 통장은 그 자체로 아무 기능이 없습니다. 깡통 통장과 같습니다. 따라서 돈을 굴려줄 방법을 선택해야 합니다. 우리가 일반 은행의 통장에 돈을 넣어두면 굴러가지 않는 것과 같습니다. 은행의 통장과 연결된 카드를 쓰든, 이자가 붙는 다른 통장으로 옮겨주든, 어떤 식으로든 혜택을 받는 방법을 선택하는 것과 같습니다. 이체하는 과정이 생략된 것뿐입니다.

돈을 굴리는 데는 보통 두 가지 방법이 있습니다. 대부분 RP형으로 자동 선택되어 있을 겁니다.

- RP형

- 발행어음형

RP형은 Repurchase Agreement의 약자입니다. 영어가 어렵죠? 찾아보면 환매조건부 채권이라고 나옵니다. 풀어서 이야기하자면, 다시 사줄 것을 약속하는 조건으로 판매한 채권이라는 뜻입니다. 예를 들어, "하루 뒤에 이

채권을 무조건 사줄게! 약속해!" 하고 판매했다는 이야기죠. 해당 회사가 망하지 않는 이상 돌려받을 수 있겠죠? 이런 채권들은 여러 가지 상품에 분산 투자합니다. 무조건 사준다는 조건까지 있으므로, 꽤 안정적으로 수익이 납니다.

발행어음형도 RP형과 비슷합니다. 증권사가 어음을 발행하면서 기한을 정해 다시 사주는 구조입니다. 증권사의 신용을 바탕으로 만들어졌습니다. 다만, 발행어음은 정부에서 인가한 네 개 증권사만 만들어 판매할 수 있습니다. 2024년 8월 기준으로 KB증권, 한국투자증권, 미래에셋증권, NH투자증권이 포함됩니다.

굳이 리스크와 수익률을 비교해보자면, 발행어음형이 약간 더 수익을 주며 리스크가 높습니다. 증권사가 망하면 돌려받지 못할 리스크는 두 유형 모두 동일합니다. 하지만 어음을 발행한 증권사의 신용도가 떨어지면 발행어음은 가치가 떨어질 수 있습니다. 2008년도 금융위기의 사례가 있습니다. 다만, RP형이든 발행어음형이든 단기적으로 손실을 볼 순 있어도 장기적으로 손실을 보긴 어렵습니다. 보통 이런 대형 증권사가 위험해질 때는 정부에서 나서서 개입하기 때문입니다. 이런 이유로, 제 동생이 뭘 선택하냐고 묻는다면 발행어음형을 추천하겠습니다.

CMA를 어디에 쓰냐? 두 가지입니다.

- 비상금
- 투자 자금 관리

여기서 비상금을 관리한다는 건 어떤 의미일까요? 일반적으로 우리가 생각하는 비상금의 개념은 두 가지입니다. 첫 번째, 내가 계획했던 이번 달 생활비를 넘기는 예상 외 지출이 있을 때 사용합니다. 회사 동료가 갑작스럽게 결혼해 축의금을 준비해야 할 때가 대표적이겠죠. 두 번째, 직장을 잃었거나 아파서 예상치 못한 큰돈이 들어갈 때 등 정말 큰일이 났을 때 사용하는 용도입니다. 여기서 이야기하는 비상금은 첫 번째입니다. 사소한 일이 생겼을 때도 쉽게 꺼내 쓸 수 있어야 합니다.

내 CMA 통장 확인하기

Q. 현재 CMA 통장은 어떤 형식으로 굴러가고 있나요?
RP형? 발행어음형? RP형이라면 발행어음형으로 바꿔주세요.

Q. 사용하는 증권사의 RP형 CMA의 수익률은?

Q. 발행어음형 CMA의 수익률은?

이걸 어디서 확인해요?

증권사 앱에 들어가서 메뉴를 검색합니다. CMA 혹은 CMA 약정을 검색하면 나옵니다. 증권사별로 약간씩 다를 수 있어요.

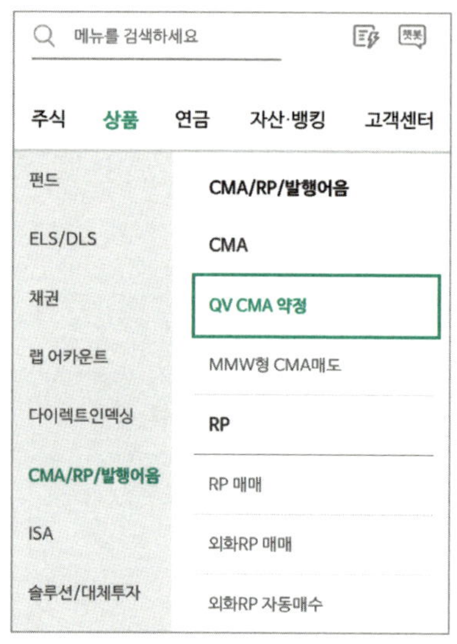

들어가면 대부분 CMA - RP형으로 되어 있을 겁니다. 이를 발행어음형으로 수정할 수 있습니다.

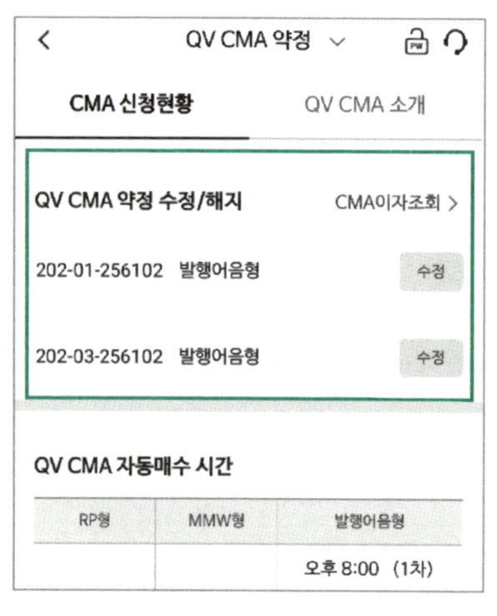

자, 어렵지 않죠? 다시 앞으로 가서 챌린지에 답변해보시길 바랍니다.

예금보험공사도
돈을 맡기는 MMF

안전 지향적인 우리는 예금자 보호를 중요하게 여깁니다. 저도 그렇고, 여러분도 그러리라 생각합니다. 아마 CMA 통장이 예금자 보호가 되지 않아 불안하다는 분도 계실 겁니다. 실제로 유튜브에도 많이 달리는 댓글입니다. 하지만 자동차 운전에서도 사고가 날 위험이 있고, 걸어 다니다가 넘어질 확률도 존재합니다. 누워만 있어도 질병은 찾아오죠. 마찬가지로 예금자 보호가 되는 예금만 하더라도 물가상승률에 질 수도 있다는 위험 부담이 있습니다. 자, 한번 생각해보겠습니다. 우리가 예금을 들고 보호를 받을 때 정부에서 그냥 말로만 보호를 해줘도 될까요?

세상은 그렇게 설렁설렁하게 구성되어 있지 않습니다. 말로만 해서는 안 되고 실제 돈이 있어야 보호해줄 수 있습니다. 다시 말해서, 정부가 적당한 돈을 보유하고 있어야 한다는 뜻입니다.

그렇다면 이 돈을 그냥 정부의 창고에 보관하면 될까요? 그렇지 않습니다. 앞서 이야기했던 '구매력'이 떨어지기 때문에 이 돈 역시 관리해줘야 합니다. 돈을 관리하려면 사람이 필요하고, 회사가 필요합니다. 위험한 일이 발생했을 때 쓰는 돈이기 때문에 이런 돈을 보험이라고 부릅니다. 이런 맥락에서 정부는 '예금보험공사'라는 공공기관을 세워두었습니다. 그럼 예금보험공사에서는 어떻게 돈을 굴릴까요? 앞서 배운 RP 같은 상품들(채권)도 있지만, MMF라는 상품도 활용합니다. 얼마나 안전한 상품인지 느낌이 오시죠?

흥미롭게도 예금보험공사는 이런 안전한 상품들로만 4% 이상의 수익을 올렸습니다. 같은 기간 예금의 평균 수익률은 3% 수준이었습니다. 예·적금을 떠나 MMF를 배워볼 만하죠.

그럼 지금부터 MMF가 무엇인지, 어떤 특징과 용도가 있는지를 살펴보겠습니다. 여러분에게 실제로 필요한 개념만 이야기해볼게요.

먼저 MMF란 Money Market Fund의 약자입니다. 눈에 보이진 않지만, 머니마켓이란 곳이 있습니다. 이곳에서는 주로 국채, 어음, 그리고 금융기관끼리 사고파는 초단기채권(CD)과 같은 것이 거래됩니다. 이런 상품들은 안전성이 매우 높습니다. 예를 들어, 우리나라 정부에서 발행한 채권은 우리나라가 망하지 않는 이상 무조건 이자를 받습니다.

그러나 국채만 있으면 수익률이 나빠질 수 있습니다. 아주 안전하면서 이자는 많이 주는 마법의 상품은 없습니다. 국채만 구매한다면 예금과 비슷하게 구매력이 떨어집니다. 그래서 아주 조금 더 위험한 상품들을 골라 넣습니다. 그리고 위험을 줄이기 위해 분산 투자를 합니다. 그걸 머니마켓펀드, 줄여서 MMF라고 부릅니다.

여기서 펀드Fund라는 말은 자금을 모아서 투자한다는 뜻입니다. 또, 펀드는 여러 상품에 분산해서 투자한다는 특징을 가지고 있습니다. 비유를 들자면, 마트 카트에 여러 상품들을 넣고 한꺼번에 계산하는 것과 같습니다.

MMF의 특징은 세 가지가 있습니다.

- 예금보다 나은 수익
- 거의 수시입출금
- 확정되지 않은 수익률

예금보다 나은 수익 이야기를 하기 전에 예금보험공사 이야기를 조금 더 해보겠습니다. 아니, 예금은 이자율이 3%인데, 예금보험공사는 4%로 돈을 굴렸다니 배신감이 들죠? 사기당한 것 같고 말입니다. 예금보험공사의 보험료와 관리비는 누가 낼까요? 바로 예금을 취급하는 은행에서 감당합니다. 그래서 종종 은행과 예금보험공사는 은행이 보험료로 얼마를 부담할지를 두고 싸웁니다.

한 발 더 나아가서, 은행에서 보험료를 내야 한다고 해봅시다. 그러면 은행은 예금 이자율을 낮추거나 대출 이자를 높여서 이익을 더 내야 합니다. 은행도 회사니까요. 즉, 불신의 비용을 지불하고 있는 겁니다. 믿지 못하고 불안해하니 그에 따른 비용을 치릅니다. 물론 이런 비용은 아주 작은 부분입니다. 예금을 만드는 은행의 상황이나 특판 여부, 가입하는 조건 같은 여러 변수들에 의해 차이가 생길 겁니다. 하지만 이런 식으로 영향을 미치고 있다는 점을 알아두었으면 합니다.

① 예금보다 나은 수익

MMF는 여러 안정적인 상품들을 섞어두었기 때문에 예금보다 좀 더 높은 수익률을 거둘 수 있습니다. 예를 들어, 우리도 예금을 가입할 때 특판을 찾아본 경험이 있을 겁니다. 굳이 특판이 아니더라도 검색창에 '적금 추천' 같은 것을 검색해본 적은 있을 겁니다. 그런데 MMF에서는 이런 작업을 자동으로 해줍니다. 머니마켓의 여러 안정적인 상품들을 섞는 것이죠. 대신 이런 작업에는 비용이 듭니다. 문서에는 수수료라고 적혀 있을 겁니다. 수익률이 5%, 수수료가 1%라면, 4%를 받는 게 아닙니다. 5% 수익률에 이미 수수료가 포함되어 있습니다.

② 거의 수시입출금

수시입출금이면 수시입출금이지 왜 '거의'라고 했을까요? 우리가 채권에 직접 투자해보면 가격이 계속 변한다는 사실을 알 수 있습니다. 똑같은 채권이라고 하더라도 17일의 가격과 18일의 가격이 다릅니다. 주식이 하루아침에 오르고 내리는 것과도 같습니다(물론 등락 폭이 다르긴 합니다).

펀드는 가격의 등락이 있는 자산을 여러 가지 섞어둔 상품입니다. 그러다 보니 가격이 계속 변하겠죠? 투자자들이 이 흐름을 수시로 판단하기는 힘듭니다. 펀드를 관리하는 입장에서도 힘들고요. 그래서 매일 가격을 고정해 둡니다. 오늘 매도해서 내 돈을 찾겠다고 버튼을 누르면, 환매하는 데 1~3

일까지 걸립니다(MMF가 아닌 다른 펀드라면 훨씬 오래 걸릴 수 있습니다). 수시입출금이라고 부르긴 약~간 아쉽겠죠. 그래서 '거의'입니다.

③ 확정되지 않은 수익률

지금껏 예·적금만 해왔다면 어떤 상품에 투자할 때 '만기에 수익이 얼마가 될 것인가?'를 먼저 생각하곤 합니다. 특히, MMF와 같은 저위험 상품들을 예금과 동일선상에 두고 있기 때문에 더 그렇습니다. MMF가 무슨 뜻이었는지 생각해보세요. 안정적인 상품들을 여러 개 섞어둔 겁니다. 그러다 보니 여러 상품들이 매도되고, 다시 매수되는 과정들이 수시로 벌어지고 있습니다. 어려운 말로 편입, 편출된다고 이야기합니다. 이런 상황에서 만기 수익률을 확정해서 판매할 수 있을까요? 그렇게 만들기는 어려울 겁니다.

MMF의 세 가지 특징을 알아봤습니다. 그렇다면 MMF는 어떻게 쓰면 좋을까요?

상품의 특징을 알아봤으면 어디에 써먹어야 할지도 감이 올 겁니다. 일단 CMA 통장에서 언급했던 비상금 목적으로는 힘듭니다. 필요할 때 곧바로 찾을 수 없기 때문입니다. 아주 철두철미한 분을 제외하곤 말입니다. 대신 이런 곳에는 써먹을 수 있습니다. "1~2년 뒤에 큰돈을 쓸 일이 있고, 이 돈을 그냥 두기엔 아깝고, 예금보다 더 나은 수익률을 받았으면 한다." 이런 상황에서는 MMF가 좋습니다. 또, 뒤에 이야기할 포트폴리오 투자에서 현금 부분을 MMF로 대체해볼 수 있습니다. 이 이야기는 나중에 다시 이어가 보겠습니다.

추가로, MMF를 통해 얻어야 하는 경험이 있습니다. 투자의 세계에서는 만기 수익률을 확정할 수 없다고 했습니다. 증권사와 은행에서 홍보하는 투자 상품의 수익률은 '확정'이 아닙니다. 예를 들어, 어떤 홈페이지에서 '1년 수익률 30%'라고 쓰인 상품을 봤다고 쳐봅시다. 이는 과거 1년의 수익률을 뜻할 뿐 앞으로 1년의 수익률을 확정한 것이 아닙니다. 2023년은 고금리 시기였습니다. 이때 30% 수익을 낸 상품이 있습니다. 2024년은 금리 인하가 시작되는 시점이었습니다. 같은 상품이 이때도 동일하게 30%의 수익률을 낼 수 있을까요? MMF에 투자해보면서 수익률의 등락을 보는 것도 이런 의미에서 좋은 경험이 됩니다. 여러분이 이후에 무슨 투자를 하게 되든 말입니다. 손실 폭은 아주 작지만요.

연금 계좌에 넣는
단기채권 펀드

하루는 어머니가 유튜브를 보고, 발행어음 같은 저위험 상품을 연금 계좌에 넣고 싶다고 연락을 하셨습니다. 은퇴 후의 여유 자금을 안정적으로 굴리고 싶다는 생각이셨습니다. 문제는 이런 상품들을 연금 계좌에 직접 넣을 수 없다는 점입니다. 그럴 때 선택지가 있습니다. 바로 '단기채권 펀드'입니다. 단기채권 펀드부터는 연금 계좌에 넣을 수 있습니다. 안전한 투자를 위해 단기 + 채권 + 펀드로 쪼개서 정의부터 이야기해보겠습니다.

① 단기

단기는 짧게 돈을 빌려줬다는 뜻입니다. 채권은 장기채권, 중기채권, 단기채권으로 나뉩니다. 실제로는 초단기채권, 10년물, 30년물과 같이 아~주

다양합니다. '단기'로 돈을 빌려주면 수익률이 비교적 낮고, 리스크도 낮습니다. 왜냐구요?

- A에게 1억 원을 빌려줍니다. 30년 뒤에 갚겠다고 합니다.
- B에게 1억 원을 빌려줍니다. 바로 내일 갚겠다고 합니다.

B는 무이자로도 빌려줄 수 있을 겁니다. 반대로 A는 조금이라도 이자를 받아야겠죠. 돈을 빌려주면 우리는 30년 동안 덜 먹고, 아끼면서 살아야 하니까요. 게다가 30년 뒤에 A가 어떻게 될지도 모릅니다. 사업이 망할 수도 있고, 해외로 잠적해버릴 수도 있습니다. 때문에 짧게 돈을 빌려주는 '단기채권'은 장기채권에 비해서 안전합니다.

② 채권

채권은 돈을 빌려주고 다시 받을 권리를 뜻합니다. 빚 채債, 문서 권券 자를 씁니다. 저는 어렸을 적에 이렇게 외웠습니다. 돈을 갚을 의무가 있다? 채무자. 돈을 받을 권리가 있다? 채권자. 예금도 생각해보면 채권의 개념입니다. 여러분이 1억 원을 은행에 맡기면, 만기에 돈을 받을 권리가 생깁니다. 채권이라는 문서로 작성하진 않지만, 통장이 계약서가 되는 것이죠. 예를 들어보겠습니다. A에게 1억 원을 빌려줍니다. A는 1년 뒤에 5% 이자를 붙여서 돌려주기로 했습니다. 그 과정에서 계약서를 작성했습니다. 이 계약서가 채권입니다. 이렇게 만들어진 채권은 사고팔 수 있습니다. B라는 사람에게 "1년 뒤에 1억 500만 원 받는 계약서 사실래요?"라고 할 수 있죠. 예금과의 차이가 여기에서 생깁니다.

③ 펀드

그렇다면 '펀드'는 무슨 뜻일까요? 쉽게 말해 돈을 모은다는 뜻입니다. 요즘에는 '펀딩한다'라고 쓰이기도 합니다. 앞으로 투자를 할 여러분에게 펀드를 어떻게 설명할지 고민해봤습니다. '진짜 이 용어를 자세히 알아야 할까?' 하는 생각이 들었습니다. 아닙니다. 자동차의 구조를 잘 몰라도 운전은 잘할 수 있습니다. 마찬가지로, 펀드가 어떻게 구성되는지 자세하게 몰라도 투자는 잘할 수 있습니다.

막상 단기채권에 투자하려고 보면 어려움에 부딪힙니다. 예시로 든 A와 B를 찾기가 어렵습니다. 돈을 빌려주는 회사는 어떤 곳이 있는지, 그 회사는 안전한지, 더 나은 이자율은 없는지, 이런 것을 일일이 따지기 힘듭니다. 이럴 때는 다른 사람에게 맡기는 방법을 택하면 됩니다. 펀드를 만드는 곳은 '자산운용사'고 이런 펀드를 관리하는 사람은 '펀드매니저'입니다. 이들이 괜찮은 채권을 찾아줍니다. 대신, 수수료가 발생하겠죠? 회사는 땅 파서 굴러가는 곳이 아니니까요.

이쯤에서 가장 많이 듣는 질문은 '그럼 채권은 만기까지 기다려야 하는 건가요?'입니다. 예금은 만기까지 기다려야 이자를 받을 수 있었으니 당연한 궁금증입니다. 결론만 이야기하면, 펀드는 수시로 사고팔 수 있습니다(정확히 말하면, 매수와 매도에 1~14일까지 걸립니다).

이해를 돕기 위해 좀 더 설명하겠습니다. 펀드는 여러 채권을 하나의 상품에 담습니다. A, B, C, D… 이런 식으로 수십 개까지도 포함됩니다. 분산 투자를 하는 겁니다. 각각의 채권은 만기가 다르기 때문에 돈이 계속해서 움직입니다. 그래서 펀드의 값어치를 따질 때는 '순자산가치'라는 개념을 사용합니다. 그날의 가격으로 펀드를 고정해두고 매수, 매도할 수 있게 만든 겁니다.

참고로, 펀드는 매입 신청일(펀드 가입일)이나 환매 신청일(펀드 해지일)에 바로 처리되지 않습니다. 보통은 1~2일이 걸립니다.

단기채권 펀드의 특징과 용도

단어만 풀어서 알아봤을 뿐인데, 단기채권 펀드의 특징까지 이해가 되셨을 겁니다. 이 개념들은 저~ 뒤까지 계속 사용하니 꼭 기억해두세요.

- **단기**: 채권 중에서 리스크가 낮다.
- **채권**: 돈을 받을 권리가 있다(원금 + 이자).
- **펀드**: 자산운용사(펀드매니저)에게 대신 골라달라고 한다.
- **추가**: 만기까지 기다리지 않고 매수 및 매도할 수 있다.

여기에 앞서 이야기했던 것처럼 단기채권 펀드는 연금 계좌에 넣어서 사용할 수도 있습니다. 다만, 단기채권만으로 ISA 계좌나 연금 계좌를 굴리는 것은 비추천합니다. 틀린 행동은 아니지만, 은퇴가 코앞에 다가왔다거나, 목돈을 2~3년 안에 써야 하는 경우에만 단기채권 펀드로 굴리길 권장합니다. 장기 투자를 할 수 있다면 수익률을 높이는 선택을 했으면 합니다.

단기채권 펀드는 비상금을 굴릴 때도 나쁘지 않습니다. 입출금이 자유로운 편이고, 수익률도 예금보다 더 기대할 수 있습니다. 일부 단기채권 펀드는 예금의 이자율이 4%일 때, 5% 이상의 수익률을 가져다준 적도 있습니다. 반대로, 어떤 단기채권 펀드는 수익률이 더 적을 수도 있습니다. 이는 해당 펀드가 투자를 잘 못했다는 뜻이 되겠죠?

단기채권 펀드는 단순히 "예금보다 더 나은 수익률을 준다! 연금 계좌에 넣자!"는 것 이외에도 더 배울 점이 있습니다.

① 단기 vs. 장기에 따라서 수익률이 변동된다.

오랜 기간 돈을 빌려주면 그만큼 리스크를 감당해야 합니다. 흔히 장기 투자가 돈을 잃을 확률이 적다고들 합니다. 하지만 돈을 그만큼 긴 기간 빌려주는 것만으로도 꽤 큰 리스크를 감당하는 행위입니다.

② 펀드 개념

펀드 개념은 ETF를 이야기할 때도, 포트폴리오를 이야기할 때도 나옵니다. '투자자들의 돈을 모은다', '여러 종목(채권)에 분산 투자한다', '펀드매니저가 대신 고른다', '비용이 든다', '만기와 상관 없이 사고팔 수 있다'와 같은 특징들이 있었습니다.

펀드는
어떻게 고르나요?

이번에는 실전에 대비한 이야기도 해보겠습니다. 펀드를 고르는 방법 말입니다. 유튜브 영상으로 매년 설명하지만 자주 묻는 질문입니다. 보통은 영상 몇 개만 볼 뿐 정주행을 하지는 않으니까요.[3]

STEP 1. 증권사 앱으로 계좌 개설하기

당연한 과정입니다. 은행은 예금과 대출을 하는 곳, 증권사는 돈을 굴리는 곳입니다. 지금껏 은행과만 거래했다면 이제는 증권사 앱을 설치하세요.

---

3) 매년 유튜브 채널에 증권사 리뷰 영상을 올리고 있습니다. 참고해보세요.

앱에 나오는 순서 그대~로 따라 하시면 됩니다. 어렵지 않습니다.

STEP 2. '펀드' 메뉴 찾기

증권사 앱에 들어가면 여러 메뉴가 있습니다. 일반적으로는 펀드 역시 주식 주문으로 사야 한다고 착각하기 쉽습니다. 하지만 펀드 특징에서 설명드렸듯이, 자산운용사에서 만든 상품은 메뉴가 따로 있습니다. 저는 우리투자증권(구 한국포스증권)으로 예를 들겠습니다. 이 증권사가 좋아서 예를 드는 것은 아닙니다.

여러 메뉴가 보이죠? 다른 증권사에서도 펀드, 연금저축, IRP와 같은 메뉴들이 다양하게 보일 겁니다. 잘 못 찾겠다면 검색창에 '펀드'를 검색해보세요.

STEP 3. 펀드 고르기

국내 펀드를 클릭해봅니다.

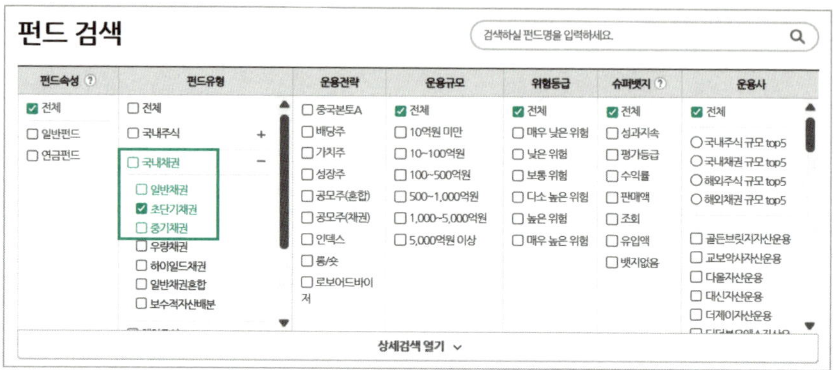

국내 채권 → 초단기채권을 클릭하고 검색 결과를 봅니다. 여기서 좌측의 펀드 속성이 보일 겁니다. 연금에 넣겠다면, 연금 펀드를 클릭해주세요. 아래는 일반 펀드를 기준으로 보겠습니다(보통 연금 펀드는 수수료가 저렴하다는 장점이 있습니다).

유진 챔피언단기채증권자투자신탁(채권)S
수수료후취-온라인슈퍼

유형	국내채권형	총보수	연 0.18%
규모	초대형급(18,076억원)	유입액(1M)	▲ 418.73억원
기준가	1,100.74 ▲0.12 (0.01%)	판매액(1M)	▲ 16.90억원

매우낮은위험　제로인

3M	1.18%
6M	2.22%
1Y	4.79%
3Y	11.04%

현대트러스트단기채증권자투자신탁1호[채권] S
수수료후취-온라인슈퍼

유형	국내채권형	총보수	연 0.18%
규모	초소형급(130억원)	유입액(1M)	▲ 2.70억원
기준가	1,060.44 ▲0.10 (0.01%)	판매액(1M)	-

매우낮은위험　제로인

3M	0.97%
6M	1.98%
1Y	4.17%
3Y	10.73%

한국투자e단기채ESG증권투자신탁(채권) 종류S
수수료후취-온라인슈퍼

유형	국내채권형	총보수	연 0.195%
규모	소형급(1,323억원)	유입액(1M)	▲ 117.92억원
기준가	1,043.31 ▲0.23 (0.02%)	판매액(1M)	▼ 0.01억원 미만

낮은 위험　제로인

3M	1.25%
6M	2.36%
1Y	4.99%
3Y	9.25%

먼저 맨 위에 '유진 챔피언단기채증권투자신탁(채권) S'부터 보입니다. 다음으로 이 화면에서 뭘 봐야 할까요?

대부분은 1년 수익률을 보겠지만, 실제로는 다른 것들을 더 눈여겨봐야 합니다. 설명드렸듯이 과거 1년 수익률이 앞으로의 1년 수익률을 보장하지는 않습니다. 우리는 지금 예금과 다른 세상으로 나왔습니다.

확인해야 할 건 세 가지입니다.

① 총보수

낮을수록 좋습니다. 해당 펀드는 연 0.18%를 가져간다고 되어 있습니다. 장기간 투자할수록 보수가 낮아야 펀드의 수익률이 좋아집니다. 여기서 펀드에는 매년 부여되는 보수가 있고, 한 번 가져가는 수수료가 있다는 걸 알아두면 좋겠습니다. 또, 수수료는 투자하는 시점에 가져가는 선취 수수료가 있고, 매도할 때 가져가는 후취 수수료도 있습니다. 꽤 복잡하죠?

【 펀드 투자시 고려해야 할 비용 】

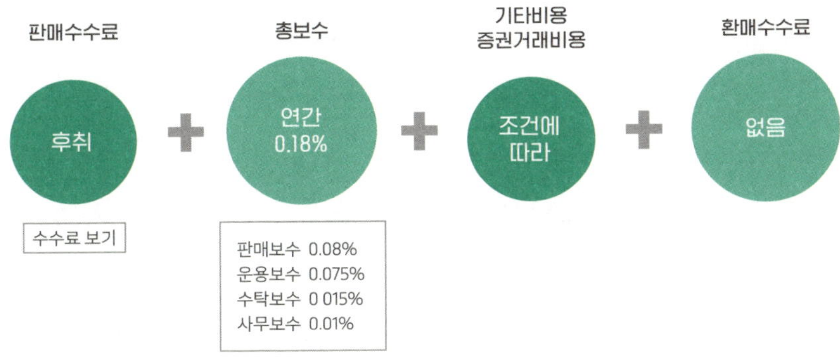

수수료는 보통 상품 설명에서 확인할 수 있습니다. 수수료가 낮은 게 좋은지, 보수가 낮은 게 좋은지를 묻는 분도 있습니다. 이건 수익률과 투자하는 기간에 따라 달라질 수 있습니다. 장기로 투자한다면 보수가 낮은 것이 유리하고, 단기로 투자한다면 수수료가 낮은 것이 유리합니다. 물론 명확하게 판단하기는 어렵지만 저라면 보수가 낮은 상품을 추천하겠습니다.

② 펀드 규모

펀드 규모는 최소 100억 원 이상인 것을 추천합니다. 펀드 규모가 너무 작으면 추후에 매도하기 힘들 수 있습니다. 단순하게 예를 들자면, 펀드 규모가 100억 원이라는 것은 여러 투자자들이 100억 원을 해당 펀드에 맡겼다는 뜻입니다. 그런데 손실이 예상된다는 소문이 돌아 투자자들이 돈을 계속 찾아갑니다. 그럼 남아 있는 사람은 돈을 못 찾을까 봐 불안에 떨 겁니다. 이런 사태를 '펀드런Fundrun'이라고 부릅니다.

실제로 우리나라에서도 펀드런이 발생한 사례가 있습니다. 2015년 동양자산운용 사태입니다. 당시 동양자산운용은 '채권 명가'로 불리며 국민연금, 은행, 보험사 등 기관 투자자들의 자금을 대규모로 운용하던 곳이었습니다. 하지만 수익률을 높이기 위해 고위험 자산 비중을 늘렸고, 성과가 부진하자 국민연금공단이 약 2조 원을 회수하면서 불안이 확산됐습니다. 이후 투자자들이 한꺼번에 환매를 요청하며 석 달 만에 약 6조 원의 자금이 빠져나가면서 1조 8,000억 원 규모였던 MMF는 한 달 만에 거의 전액 환매되는 펀드런이 발생했습니다. 이 과정에서 환매 연기까지 벌어졌고, 뒤에 남은 투자자들은 불안에 떨 수밖에 없었습니다. 이 사례는 펀드 자체가 채권이나 단기 상품이라 하더라도 펀드 규모가 너무 작거나 유동성이 부족하면 언제든 문제가 생길 수 있다는 점을 보여줍니다. [4]

③ 어디에 투자하는지?

여러분이 단기채권에 투자하겠다고 결심했다면 펀드 이름에서부터 이를 알아챌 수 있습니다. 위에서 언급한 단기채권 펀드로 예를 들어보겠습니다.

'유진 챔피언단기채증권투자신탁(채권) S'

유진 챔피언은 유진자산운용에서 만들었다는 뜻입니다. 챔피언은 그냥 펀드의 이름을 만들어 붙인 겁니다. 신라면에 '신'을 붙인 것과 똑같습니다. 단기채는 투자하는 대상으로, 단기채권을 줄인 말입니다. 증권투자신탁은 펀드를 뜻합니다. 증권투자를 맡겼다는 의미입니다. 믿을 신信, 부탁할 탁託을 씁니다. (채권)은 채권에 주로 투자하는 펀드라는 뜻입니다. (혼합), (주식), (상품), (파생형) 이렇게 표기되는 것들도 있습니다.

단기채권에 투자하겠다고 생각했다면, 당연히 이름에서 단기채권, 단기채, (채권) 이런 표기를 확인해야 합니다. 수익률을 보고 판단하거나 남의 말만 듣고 판단하면 안 됩니다.

이름에서 특징이 헷갈릴 때는 투자 설명서, 간이투자 설명서를 확인합니다. 어디에 있냐면… 대부분 이런 식으로 아래에 붙어 있습니다. 우리나라에서는 펀드를 판매할 때 이런 설명서를 무조건 붙여야 합니다.

---

4) 석달 새 6조 순유출.. 동양자산운용에 무슨 일이, 《한국경제》, 2017.08.29.

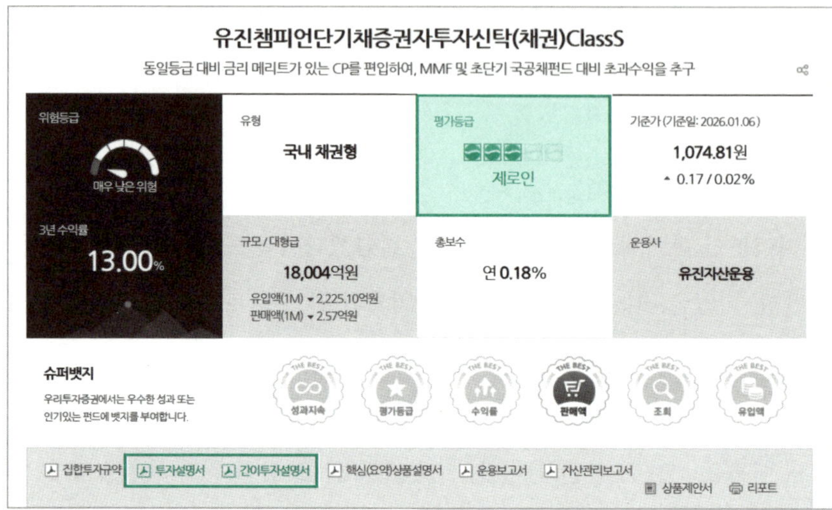

④ 펀드 평가등급

여기서 추가로 펀드평가사의 등급을 확인하면 좋습니다. 그림에서 태극 마크가 몇 개 있는지를 보면 됩니다. 다섯 개가 다 채워져 있으면 좋은 펀드입니다. 이것은 제로인이라는 펀드평가사의 평가등급 산출 방법입니다. 성

【 종합 점수 산출 방법 】

평가 항목	국내채권형	MMF, 해외채권 채권형	국내주식형 및 혼합형	채권을 제외한 해외 유형, 국내 절대 수익 추구형
정량 점수	70	70	70	70
성과	30	30	20	20
안정성	20	20	20	20
원금손실률	15	15	25	25
비용	5	5	5	5
정성 점수	30		30	
종합 점수	100	70	100	70

과, 안정성, 원금손실률, 비용을 따져서 등급을 매겨줍니다. 다시 말해서, 펀드 평가 등급만 보더라도 펀드가 괜찮은 성과를 냈는지, 안정적으로 운용되었는지, 원금손실률이 컸는지, 비용은 많았는지 등을 따질 수 있다는 이야기입니다.

⑤ 벤치마크 대비 수익률

벤치마크라는 개념이 있습니다. Bench + Mark의 합성어입니다. 옛날 유럽에서 측량을 할 때 긴 의자를 두고 기준점을 두어 표시한 데서 유래한 용어입니다. 금융에서는 벤치마크라고 하면, '이것보다 수익률이 잘 나와야 잘한 것'으로 평가하는 지표입니다. 보통 "벤치마크보다 +2% 더 잘했어"라고 말하는 식입니다.

단기채권으로 예를 들면, 벤치마크 지수가 MK머니마켓 지수입니다. 해당 지수는 은행의 정기예금과 수익률이 비슷하게 움직입니다(실질적으로는

【 수익률 및 펀드 규모 】

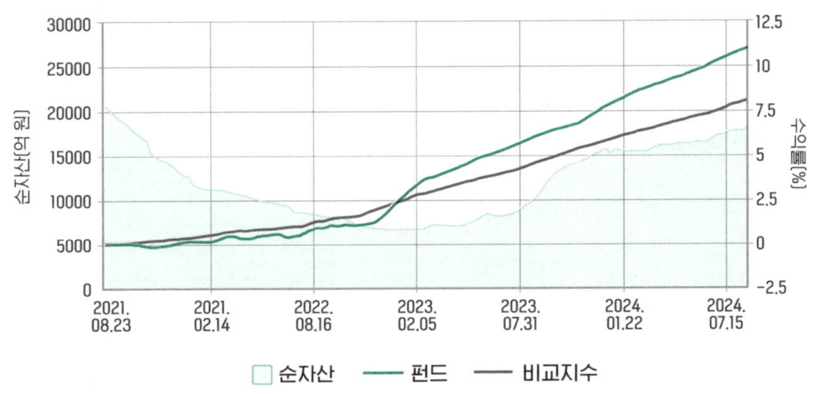

은행의 채권이 포함되어 은행 예금보다 낮습니다).

점선이 펀드의 수익률 선이고, 실선이 은행 예금(MK머니마켓 지수) 수익률입니다. 2021~2022년은 펀드의 수익률이 약간 하회했으며, 2023년 초부터는 월등히 앞서 나갔습니다. 이런 식으로 펀드가 잘했는지, 못했는지, 항상 잘했는지, 어떤 기간에는 별로였는지 판단할 수 있습니다.

STEP 4. 실제로 투자하기

매매기준가 적용일은 언제일까요?	펀드는 매입 신청일(펀드 가입일)이나 환매 신청일(펀드 해지일)에 바로 처리되지 않고 아래의 기준(영업일 기준)에 따라 처리됩니다.					
		17시 이전			**17시 이후**	
매입	매입신청	기준가적용	매입일	매입신청	기준가적용	매입일
	당일	다음 날	다음 날	당일	2일 후	2일 후
		17시 이전			**17시 이후**	
환매	환매신청	기준가적용	환매일	환매신청	기준가적용	환매일
	당일	2일 후	2일 후	당일	3일 후	3일 후

실제로 투자를 하면 매수(매입)와 매도(환매)에 시간이 걸리므로, 꼭 상품 설명의 매입과 환매 처리를 확인해야 합니다. 이 점을 모른다면 당장 돈이 필요한 상황에서 환매 신청을 하고 3일을 기다려야 하는 곤란한 일이 발생할 수 있습니다.

아무 조건 없는
단기채권 ETF

그렇다면 단기채권 펀드보다 나은 선택은 없을까요? 조금 더 신경을 써야 하지만 저렴한 선택지도 있습니다. 바로 ETF입니다.

앞서 단기채권 펀드에 대해 설명한 것 기억하시나요?

- **단기**: 채권 중에서 리스크가 낮다.

- **채권**: 돈을 받을 권리가 있다(원금 + 이자).

- **펀드**: 자산운용사(펀드매니저)에게 대신 골라달라고 한다.

여기에서 펀드 부분에 주목해봅시다. 펀드매니저에게 상품 운용을 맡기면 비용이 듭니다. 일반적인 펀드의 수수료는 최대 2%입니다. 어떤 분들은 작은 수치라고 할지 모르지만, ETF 이야기를 들으면 "비싸네" 하는 생각이 들 겁니다.

단기채권 ETF는 단기채권 펀드와 다른 몇 가지 특징이 있습니다.

① 수시로 거래할 수 있습니다.

단기채권 펀드보다 매수와 매도를 하기 쉽습니다. 다만, 매도 후 현금으로 찾을 때는 2일이 걸립니다. 참고로, 주식도 매도 후 돈을 쓸 수 있을 때까지 2일이 걸립니다.

② 수수료가 훨씬 저렴합니다.

일반 펀드는 최대 2%의 수수료를 내야 하지만, ETF는 일반적으로 수수료가 1% 미만입니다. 이 말은 곧 수익률이 높다는 이야기입니다. 수수료가 낮아야 여러분 계좌에 찍히는 퍼센트가 높아집니다.

③ 거래 방식이 편합니다.

펀드는 펀드 메뉴에서 따로 상품을 구매해야 하는 반면, ETF는 주식 거래와 똑같은 방식으로 구매하므로 접근성이 더 좋습니다.

아마 이쯤에서 "ETF가 뭔가요?" 하고 물으실 것 같습니다. 사실 ETF도 펀드의 일종입니다. 이 책에서 이야기하는 일반적인 펀드가 액티브 펀드라면, ETF는 패시브 펀드입니다.

앞서 설명한 것처럼 펀드는 돈을 모아 펀드매니저가 여러 자산으로 분산 투자해 굴려주는 형태입니다. 펀드라는 카트에 여러 상품이 담겨 있고 담은 물건에 따라 가격이 오르기도, 내리기도 하는 것입니다.

이렇게 카트에 물건 담는 일을 다른 사람이 도와주는 것이 펀드입니다. 그게 아니라 "라면 골라줘" 하고 명령을 내렸을 때 로봇이 담으면 ETF입니다. 물론 계산은 우리가 해야겠죠? 풀어서 말하자면, 액티브는 사람이 능동적으로 고른다는 뜻이고, 패시브는 기계적으로(수동적으로) 골라준다는 뜻입니다. 말만 들으면 능동적으로 고르는 게 더 좋다고 생각할 수 있습니다. 하지만 이런 방식은 수수료가 높습니다. 사람이 투입되기 때문에 그렇습니다. 반대로, 기계적으로 골라주면 비용이 저렴해집니다.

그럼 단기채권 ETF는 언제 쓰면 좋을까요?

- 비상금

- 2년 이내 단기 목돈

- 주식 투자 중에 잠깐 투자할 곳을 못 찾을 때

- 포트폴리오 투자 시 현금 부분

단기채권 ETF는 비상금을 넣어두기에 아주 적합합니다. 펀드와 크게 다를 바가 없습니다. 펀드보다 좀 더 일찍 돈을 찾을 수 있다는 장점도 있습니다. 2년 뒤에 아파트 매수를 하겠다든가, 결혼을 계획하고 있다든가, 자녀 유학을 보내겠다든가, 은퇴가 얼마 남지 않았다든가… 이럴 때 특히 좋습니다. 또한, 투자를 하다 보면 다음과 같은 상황도 생깁니다. 하락장이 다가오는 것 같다거나, 내가 어디에 투자할지 모르겠어서 잠깐 돈을 맡겨둬야 하는 경우입니다. 이럴 때에는 단기채권 ETF를 사용해 약간이라도 수익률을 챙길 수 있습니다.

포트폴리오 투자 시 현금 부분도 단기채권 ETF로 해결했으면 합니다. 이 내용은 포트폴리오 투자에서 더 이야기하겠습니다. 지금은 '그런 게 있구나' 하고 기억만 해주세요.

좀 더 알면 좋을 정보도 남기겠습니다. 단기채권 펀드와 단기채권 ETF는 사실 같은 자산에 투자합니다. 그런데 '펀드냐? ETF냐?'에 따라서 장단점과 쓰임새가 약간 달라집니다. 마찬가지로 똑같은 자산에 투자를 하더라도 '어떤 것으로 투자하는가?'에 따라서 사용 방법이 달라집니다. 똑같은 주식도 '내가 직접 투자하는가?', 'ETF를 통해서 투자하는가?', '펀드를 통해서 투자하는가?'에 따라서 수익률과 쓰임새가 달라집니다. 아마도 이쯤에서 "그럼 ETF를 어떻게 골라요?"를 궁금해하실 것 같은데, 이건 뒤쪽의 금리형 ETF까지 보고 설명하겠습니다.

수익률을 조금 더 높여주는
액티브 ETF 전략

역시 회사채 펀드에는 아쉬운 점이 있습니다. 수수료가 꽤 크다는 점 말입니다. 뒤에서 설명할 금리형 ETF는 수수료가 0.05% 수준인 것도 있습니다. 펀드매니저의 주관을 줄이고, 기계적으로 투자해 수수료를 낮춘 상품이 ETF입니다. 실제로 장기간으로 보면 성과 차이가 별로 없었다는 이야기도 있습니다. 반대로, 펀드의 비교지수 수익률은 ETF에 투자했을 때의 수익률과 유사합니다. 어떤 펀드는 폭발적인 수익률을 보이는 경우도 있습니다. 장점과 단점이 명확하죠.

단기채권 ETF도 수익률을 높일 수 있는 방법이 세 가지 있습니다.

• 회사채 편입시키기

하나씩 간단히 설명하겠습니다.

① 국채 비중을 높이되 회사채를 일부 포함시킵니다.

채권은 빌려주는 곳에 따라 두 종류가 있습니다. 국가와 회사입니다. 아무래도 국가에 돈을 빌려준다면 안정적일 겁니다. 하지만 수익률은 떨어지겠죠. 예·적금과 마찬가지입니다. 회사에 빌려준다면? 리스크는 커지지만 수익률은 높아집니다. 여기서 더 세부적으로 얘기하자면, 회사도 회사 나름입니다. 신용도 높은 삼성전자에 빌려주는 것과 신용도 낮은 바이오 회사에 빌려주는 건 리스크(수익률)가 다릅니다. 이 점을 이용해 어떤 단기채권 ETF는 회사채를 약간 편입해 수익률을 높일 수 있습니다.

② 만기가 긴 채권을 편입합니다.

단기채권 ETF는 기본적으로 만기가 짧습니다. 하지만 그 안에서도 약간씩 차이가 있을 수 있습니다. 어떤 ETF는 만기가 1년 이하인 채권을, 어떤 ETF는 6개월 이하인 채권을 편입합니다. 만기가 길어질수록 수익률은 높아질 수 있지만, 리스크도 함께 커질 수 있습니다.

③ 액티브하게 투자하는 ETF도 있습니다.

단기채권 ETF에서 설명된 것처럼 액티브란 쉽게 말해 사람 손을 탄다는 뜻입니다. 기계적으로 고르지만, 사람의 견해를 일부 넣는 겁니다. 수수료가 패시브보다 비싸겠죠? 반면, 패시브란 사람 손을 덜 탄다는 뜻입니다. 기계적으로 골라주는 대신 저렴합니다. 사람의 손을 타면 수익률이 좀 더 높아질 수 있습니다.

그럼 일곱 종류의 단기채권 ETF를 먼저 비교해보겠습니다.

【 대표적인 단기채권 ETF 수수료 및 수익률 비교 】

	시가총액	수수료	최근 1년 수익률 (24.09.23 기준)
KODEX 단기채권	7,300억	0.15%	3.71%
KODEX 단기채권 PLUS	14,000억	0.15%	3.9%
TIGER 단기채권 액티브	6,500억	0.07%	3.76%
PLUS 단기채권	957억	0.07%	4.3%
ACE 단기채권알파액티브	538억	0.15%	3.98%
SOL 초단기채권 액티브	5,000억	0.05%	1.94% (6개월)
HANARO 단기채권 액티브	54억	0.1%	3.43%

여러분이 위의 표를 보고 PLUS 단기채권만 하겠다고 생각하지 않았으면 합니다. 최근 수익률보다 여러 가지를 살펴 직접 고르셨으면 하거든요. 공부를 위해서 이 책을 썼으니 다음 예시를 봐주세요. KODEX 단기채권은 패시브 유형입니다. 지수를 그대로 추종한다고 이야기합니다. 사람 손을 덜 탄다는 뜻입니다. 증권사의 설명 글을 읽어도 그렇습니다. '지수를 완전 복제하는 방식'을 추구하고 있습니다.

상품설명

1좌당 순자산가치의 변동률을 기초지수인 KRW Cash Index(총수익)의 변동률과 유사하도록 투자신탁재산을 운용하는 것을 운용목표로 합니다. 에프엔가 ~~완전 복제하는 방식~~ Cash Index(총수익)는 잔존만기 1개월 이상 1년 이하의 국고채, 통화안정증권 등 30종목으로 구성된 듀레이션 0.5년 내외로 _손익, 경과이자 및 이자 재투자 손익을 감안한 총수익에 관한 지수입니다. 기본적으로 KRW Cash Index를 _완전 복제하는 방식_으로 포트폴리오를 구성할 예정입니다. 그러나, 투자신탁의 규모가 작거나 운용 효율성의 제고가 필요하다고 판단되는 등의 경우에는 표본추출기법을 활용하여 KRW Cash Index의 듀레이션과 신용등급 분포를 복제하는 현물 바스켓으로 포트폴리오를 구성할 예정입니다. 종목 교체시 통안채 입찰 및 국고채 바이백(조기상환) 등을 활용하여 초과수익을 추구하며 보유채권 만기 보유를 통하여 매매 비용를 최소화하고 현물 편입비를 60%~100% 수준으로 운용할 예정입니다. 다만, 추적오차를 줄이기 위해서 채권 관련 파생상품에 투자할 수 있습니다.

같은 자산운용사 KODEX의 상품인 KODEX 단기채권 PLUS를 보겠습니다. 역시나 KRW Cash PLUS INDEX라는 지수를 그대로 추종합니다. 하지만 사채권(신용등급 A- 이상) 및 기업어음증권(신용등급 A2이상)에도 분산 투자하겠다고 합니다.

상품설명

동 투자신탁은 KRW Cash PLUS Index(총수익)를 기초지수로 하여 1좌당 순자산가치의 일간 변동률을 기초지수 일간변동률과 유사하도록 투자신탁을 운용하기 위하여 국채, 통안채, 특수채에 주로 투자합니다.
기초지수는 1년 미만의 단기금융시장의 실질금리 반영을 위해 잔존만기 1개월 이상 1년 미만의 국고채, 통안채, 특수채에 주로 투자하되 사채권(신용등급 A-이상) 및 기업어음증권(신용등급 A2 이상) 등에도 분산 투자할 예정입니다.
2007년 12월 31일을 기준시점으로 한국자산평가에서 산출하는 지수입니다.
10개 채권 섹터에 속하는 잔존만기 1개월 이_ 기
변경이 이루어집니다.

리스크가 있는 자산을 일부 편입해 수익률을 높이겠다는 뜻입니다. 두 ETF는 각각 3.71%와 3.9%로 약 0.2%의 수익률 차이를 보였습니다.

나중에 주식 ETF를 고를 때도 마찬가지입니다. 어떤 위험을 감수하면서 예상 수익률을 키우는지 알아야 합니다. ETF 상품 설명도 읽어보고, 모르는 게 있으면 검색도 해보세요.

금리가 오를 때 웃는 금리 ETF

2년 전 즈음 새로운 형식의 ETF 상품이 나왔습니다. 금리형 ETF였습니다. 금리형 ETF는 원래 금융 회사에서 자금을 관리할 때 쓰는 방식입니다. OO증권사에서 현금이 남아 XX증권사의 채권을 매수합니다. OO증권사는 이자로 수익을 내고, XX증권사도 채권을 매도하고 영업에 필요한 현금을 사용할 수 있었던 겁니다. 아무래도 매우 안전하겠죠? 금융 전문 회사에서 현금을 관리할 목적으로 쓰는 것이었으니까요.

그런데 이런 상품들을 묶어 금리형 ETF로 출시했습니다. 대부분 기관투자자가 돈을 맡겨놓는 용도로 사용합니다. 따라서 금리형 ETF를 활용하면, 투자 전에 배워야 할 개념들을 리스크 없이 배울 수 있습니다. 특징, 용도, 추가 개념 등을 짚어보겠습니다.

① 안정적입니다.

이 점은 차트를 보면 빠르게 파악할 수 있습니다. 차트가 꾸준히 우상향하고 있죠? 만약 예금 수익률을 차트로 만든다면 이런 식으로 표현할 수 있었을 겁니다.

【 KODEX KOFR금리액티브(합성) 차트 】

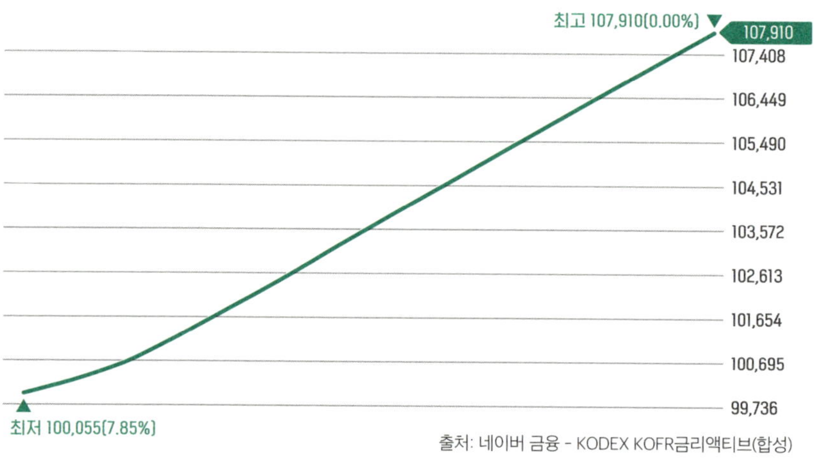

출처: 네이버 금융 - KODEX KOFR금리액티브(합성)

② 금리에 영향을 받습니다.

KOFR금리는 기준금리에 영향을 받습니다. 기준금리가 오르면 금리 ETF의 수익률도 좋아지며, 기준금리가 내려가면 금리 ETF의 수익률도 나빠집니다(기준 금리가 마이너스가 되지 않는 이상 수익률이 마이너스가 되긴 쉽지 않습니다).

③ 1단위 매수에 5~10만 원이 듭니다.

CMA 통장에는 1원도 넣을 수 있습니다. 하지만 금리 ETF는 1단위가 5~10만 원 수준입니다. 다시 말해서, 1단위에 10만 원인 금리 ETF라면 내가 가진 15만 원을 전부 금리 ETF에 맡길 수 없습니다.

④ 만기가 없습니다.

ETF는 기초지수를 꾸준히 따라갑니다. 예를 들어, 라면 가격에 투자하는 ETF가 있다고 해봅시다. 여기에 투자한다면 라면 가격이 1,000원 → 1,200원이 되었을 때 20%의 수익이 납니다. 라면 가격을 기준으로 삼은 것이죠. 이 ETF는 라면이 거래되는 동안에는 언제 투자해도 상관없습니다. 마찬가지로 기초가 되는 '금리'(혹은 해당 ETF)가 사라지지 않는 이상 금리 ETF는 계속해서 투자할 수 있습니다.

⑤ 금리는 두 종류가 있습니다.

KOFR금리와 CD금리입니다. KOFR금리는 초단기자금 시장에서 주로 사용합니다. 보통 RP가 KOFR금리에 영향을 받습니다. CMA 통장 RP형 기억하시죠? CD금리는 이것보다는 만기가 긴 자금 시장에서 사용합니다(91일). 주로 기업의 대출 금리에 활용합니다.

일반적으로 KOFR금리가 약간 낮고, CD금리가 약간 높습니다. CMA에서 RP형의 금리가 약간 낮고, 발행어음형의 금리가 약간 높은 것과 비슷합니다.

KOFR금리는 '무위험지표 금리(RFR, Risk-Free Reference Rate)'라고 합

니다. 이론적으로 주어진 기간 동안 리스크 없이 얻을 수 있는 최소수익률입니다. 우리나라는 2021년 2월 RFR로 RP거래금리를 최종 선정했으며, 한국예탁결제원에서 지표로 만들어 관리하고 있습니다.

CD금리는 '양도성예금증서 금리(CD, Certificate of Deposit)'라고 합니다. 은행이 자금을 조달하기 위해 발행하는 양도성예금증서에 적용되는 이자율을 의미하기 때문입니다. 말이 어렵죠? KOFR금리와 다르다는 정도만 아서도 충분합니다. 주로 은행 간 자금 조달 비용을 반영하며, 시장 금리 역할을 합니다. 한국에서는 CD금리가 대표적인 단기금리로 사용되며, 주로 91일 만기의 CD에 적용되는 금리가 많이 인용됩니다. CD금리는 금융기관 간의 거래에 중요한 참고 지표로 활용됩니다.

그렇다면 금리 ETF는 어디에 쓰면 좋을까요?

① 포트폴리오 투자를 할 때 현금 부분을 구성합니다.

금리 ETF는 ISA 계좌에도 넣을 수 있기 때문에 적합합니다.

② 주식 종목을 고르기 전, 현금을 맡겨둡니다.

ETF에서 매도한 금액을 현금으로 찾으려고 하면 2일을 기다려야 합니다. 이를 예수금이라고 합니다. 현금으로 인출할 땐 시간이 걸리지만, 예수금으로 주식 투자를 하는 건 가능합니다. 따라서 아직 투자할 종목을 못 골랐다면 ETF에 맡겨두고 천천히 분석한 후 투자하는 것도 가능합니다.

금리 ETF에 관해서는 '리보 사태'에 대해서도 알아두면 좋습니다. 은행들이 중요한 금리를 조작해서 문제가 된 사건입니다.

리보(LIBOR)는 전 세계에서 은행들이 돈을 빌릴 때 사용하는 중요한 기준금리였습니다. 저도 대학에서 금리에 대해 배울 때 들었던 기억이 있습니다. 많은 사람이 대출을 받거나 투자할 때 이 금리를 기준으로 돈을 주고받았습니다. 그런데 몇몇 큰 은행들이 이 금리를 자기들 마음대로 조작한 것입니다. 자기들이 더 많은 돈을 벌거나 더 안전해 보이기 위해 거짓으로 금리를 조정한 것입니다. 말도 안 되는 일이죠? 감정 섞어서 이야기하자면, 믿었던 금융기관의 배신이었습니다.

이 사실이 알려지자 전 세계 사람들이 큰 충격을 받았습니다. 그래서 이 사건 이후, 리보는 점점 없어졌습니다. 그런 배경에서 탄생한 것이 KOFR금리입니다. CD금리의 경우 리보금리처럼 호가를 기반으로 가격이 결정됩니다. 따라서 조작의 위험성이 있습니다. 부동산으로 예를 들자면, 몇몇 업자들이 부동산을 실제로 매수하지도 않으면서 '호가'만 높여두는 경우가 있습니다. 실제 매수자는 호가를 기준으로 부동산 가격을 생각할 겁니다. 아무래도 이렇게 되면 비싸게 매수할 위험성이 생기겠죠?

하지만 KOFR금리는 실제 거래에 기반해서 가격을 결정합니다. 이러한 차이점 때문에 점차 CD금리 사용은 줄어들고, KOFR금리가 많이 사용되는 추세입니다. 대출 금리에 KOFR금리가 사용된다면 대출 금리가 낮아질 수 있습니다. 반대 영향으로, 우리가 공부한 저위험 상품들은 수익률이 낮아질 수 있습니다. 여러 곳에 영향을 미치므로 알아두면 추후 투자에도 도움이 될 겁니다.

스스로 ETF 고르는 법을 알려드립니다

이제 이런 의문이 생겼을 겁니다. 그래서 "ETF를 어떻게 고르는 건데? 그냥 니가 사라는 거 사면 되는 거야?" 저는 여러분이 유튜브 영상에 의존하지 않고, 스스로 상품을 고르는 모습을 지향합니다. 영상 제작에는 며칠이 걸리고, 그 사이에 제가 좋다고 한 상품이 달라질 수도 있습니다. ETF 자체를 고르는 건 어렵지 않습니다. 스텝별로 따라 해보세요.

STEP 1. 네이버 금융 접속 - 검색

어디서 검색을 하든 상관 없습니다. 증권사 앱도, 투자 관련 사이트도 좋습니다. 저는 네이버 금융과 ETF CHECK라는 곳을 추천하고 싶습니다. 접근성은 네이버 금융이 더 좋으니 예를 들겠습니다. 검색창에 '네이버 금융'

을 검색합니다(네이버 증권, 네이버페이 증권으로 검색해도 됩니다).

네이버페이 증권으로 들어가 키워드를 입력합니다. 이번에는 이전 장에서 배운 '금리 ETF'를 예로 들겠습니다. 금리 ETF를 전체 검색하면 안 되고, '금리'라는 키워드만 넣습니다. ETF는 이름을 만들 때 '무엇에 투자하는지' 함축하는 키워드를 넣습니다.

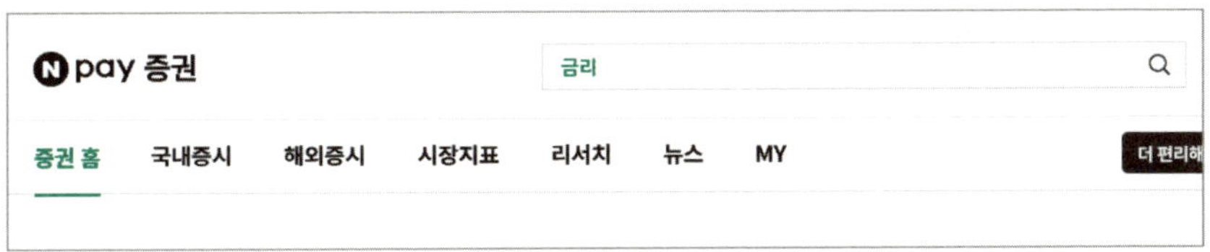

수많은 ETF가 나옵니다. 이전 장에서 CD금리와 KOFR금리의 차이점을 설명했습니다. 배운 대로 마음에 드는 것을 선택합니다. 여기선 KOFR금리를 예로 들겠습니다.

'금리' 검색결과 (총28건)

국내종목 (28)

종목명	현재가	전일대비	등락률	매도호가	매수호가	거래량	거래대금(백만)
KODEX 단기변동금리부채권액티브 코스피	114,725	– 0	0.00%	114,735	114,725	537	61
TIGER CD금리투자KIS(합성) 코스피	57,007	▲ 2	0.00%	57,010	57,005	126,432	7,207
KODEX KOFR금리액티브(합성) 코스피	110,850	▲ 20	+0.02%	110,855	110,850	179,230	19,868
TIGER KOFR금리액티브(합성) 코스피	110,035	▲ 15	+0.01%	110,040	110,035	47,076	5,180
PLUS KOFR금리 코스피	108,210	▲ 5	0.00%	108,210	108,205	1,272	137
ACE 미국달러SOFR금리(합성) 코스피	12,625	▼ 20	-0.16%	12,615	12,610	109,448	1,381
KIWOOM CD금리액티브(합성) 코스피	108,755	▲ 10	+0.01%	108,765	108,755	136	14
KODEX CD금리액티브(합성) 코스피	1,075,605	▲ 75	+0.01%	1,075,610	1,075,605	189,535	203,865
TIGER CD1년금리액티브(합성) 코스피	1,057,342	▲ 82	+0.01%	1,057,345	1,057,340	8,874	9,382
RISE CD금리액티브(합성) 코스피	105,680	– 0	0.00%	105,685	105,680	7,325	774
RISE KOFR금리액티브(합성) 코스피	104,735	▲ 15	+0.01%	104,735	104,730	3,234	338

KODEX KOFR금리액티브(합성), TIGER 금리액티브(합성), PLUS KOFR 금리 등 세 종류의 ETF가 확인됩니다.

국내종목 (28)

종목명	현재가	전일대비	등락률	매도호가	매수호가
KODEX 단기변동금리부채권액티브 코스피	114,725	– 0	0.00%	114,735	114,725
TIGER CD금리투자KIS(합성) 코스피	57,007	▲ 2	0.00%	57,010	57,005
KODEX KOFR금리액티브(합성) 코스피	110,850	▲ 20	+0.02%	110,855	110,850
TIGER KOFR금리액티브(합성) 코스피	110,035	▲ 15	+0.01%	110,040	110,035
PLUS KOFR금리 코스피	108,210	▲ 5	0.00%	108,210	108,205

STEP 2. 무엇에 투자하는지 확인

각각의 ETF를 클릭해서 무엇에 투자하는지 확인합니다. 어디서 확인하는지 모르실 것 같아 클릭하는 곳을 표시해두었습니다.

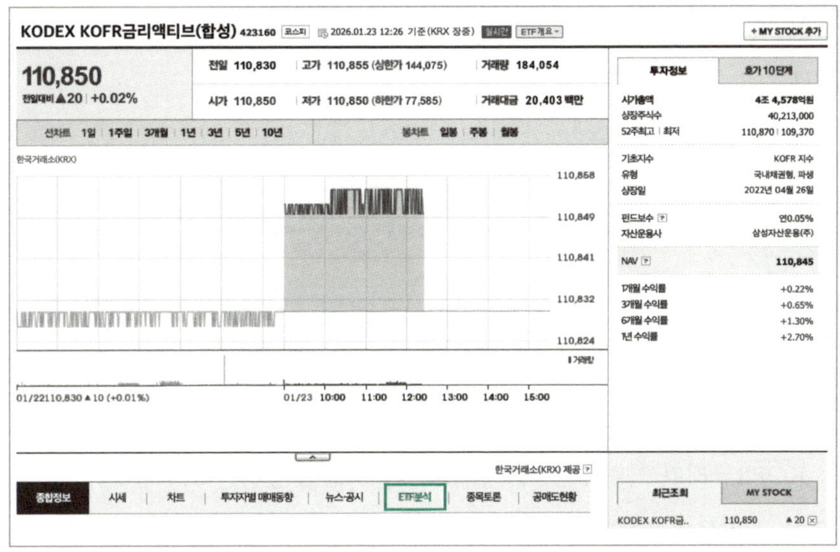

ETF 분석에 들어가 아래로 스크롤을 내리면 상품 설명이 나옵니다.

상품설명

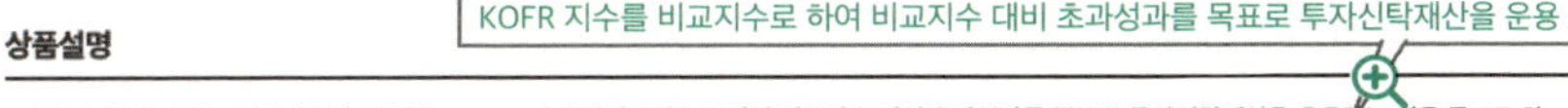

이 투자신탁은 한국예탁결제원이 산출하는 KOFR 지수를 비교지수로 하여 비교지수 대비 초과성과를 목표로 투자신탁재산을 운용하는 것을 목표로 하는 액티브상장지수펀드입니다.

※ 그러나 상기의 투자목적이 반드시 달성된다는 보장은 없으며, 집합투자업자, 신탁업자, 판매회사 등 이 투자신탁과 관련된 어떠한 당사자도 투자원금의 보장 또는 투자목적의 달성을 보장하지 아니합니다.

우리는 증권사 직원이 아니므로 당연히 이 내용을 모두 이해하기가 어렵습니다. 여기서 확인할 것은 'KOFR지수를 활용하는가?'입니다. 위 설명에 나와 있는 정도면 충분합니다. "KOFR지수를 비교지수로 하여, 비교지수 대비 초과 성과를 목표로 투자신탁 재산을 운용하는 걸 목표로 합니다."

만약 이런 내용이 포함되지 않았다면 투자해선 안 됩니다. 내가 생각하는 것과 다르게 움직일 수 있기 때문입니다. 아래는 하면 안 되는 예시입니다 (PLUS 미국달러 SOFR금리액티브(합성)).

상품설명 "Solactive SOFR Daily Total Return Index (원화환산)"를 비교지수로 하여 비교지수 대비 초과성과를 목표

이 투자신탁은 SOFR 관련 장내외파생상품을 법 시행령 제94조 제2항 제4호에서 규정하는 주된 투자대상자로 하며, Solactive에서 산출·발표하는 "Solactive SOFR Daily Total Return Index (원화환산)"를 비교지수로 하여 비교지수 대비 초과성과를 목표로 투자신탁재산을 운용함을 목적으로 합니다.

비교지수인 "Solactive SOFR Daily Total Return Index"는 뉴욕연방준비은행이 산출 및 공표하는 SOFR 금리를 누적수익률 방식으로 글로벌 지수사업자인 Solactive가 산출하는 지수입니다. SOFR 금리란 미국의 무위험지표금리로 미국 국채를 담보로 하는 환매조건부채권(Repo) 1일물 금리를 의미하며 거래량 가중 방식으로 산정한 Repo 금리 데이터 중간값입니다. 동 지수는 미국 동부 표준시로 매영업일 오전 9시 30분에 산출됩니다.

KOFR금리와 키워드는 비슷한 SOFR금리를 추종하는 ETF입니다. SOFR은 미국의 무위험지표를 뜻합니다. 얼핏 들으면 비슷하게 움직이는 것 같지만, 원달러 환율의 영향을 받기 때문에 수익률이 기대와 크게 달라질 수 있습니다. KOFR, SOFR 단 한 글자 차이인데 짜증 나겠죠?

STEP 3. 시가총액 확인

리스트업한 ETF들을 확인했다면 이번에는 시가총액을 확인합니다. 시가총액은 최소한 100억 원 이상인 것들로 투자해주세요. 좀 더 보수적으로 본

KODEX KOFR금리액티브(합성) 423160 코스피 2026.01.23 12:50 기준 (KRX 장중) 실시간 ETF개요▾ + MY STOCK 추가

110,855
전일대비 ▲ 25 | +0.02%

전일 110,830	고가 110,855 (상한가 144,075)	거래량 263,128
시가 110,850	저가 110,850 (하한가 77,585)	거래대금 29,169 백만

한국거래소(KRX) 제공

종합정보 | 시세 | 차트 | 투자자별 매매동향 | 뉴스·공시 | **ETF분석** | 종목토론 | 공매도현황

KODEX KOFR금리액티브(합성) 423160   KODEX KOFR Active(SYNTH)   기초지수 : KOFR 지수

운용사: 삼성자산운용(주) | 총보수: 0.05% | 분류: 국내채권형, 파생

투자정보	호가 10단계
시가총액	4조 4,576억원
상장주식수	40,213,000
52주최고	최저	110,870	109,370
기초지수	KOFR 지수
유형	국내채권형, 파생
상장일	2022년 04월 26일
펀드보수	연0.05%
자산운용사	삼성자산운용(주)
NAV	110.845

다면 500억 원 이상으로 기준을 잡아도 좋습니다. 예시로 든 ETF는 시가총액이 4조 원이었습니다.

시가총액이 작으면 안 되는 이유는 시가총액이 50억 원 이하로 1개월 이상 유지되는 경우 상장폐지 대상이 되기 때문입니다. 해당 ETF가 사라진다는 이야기입니다. 주식의 상장폐지와 달리 ETF는 상장폐지가 된다고 해서 내 돈이 전부 날아가지는 않습니다. 대신 상장폐지일이 정해지면 어떻게 해야 할지 빠르게 결정해야 합니다. 때문에 아~주 스트레스받고, 귀찮아질 수 있습니다. 또, 시가총액이 작으면 유동성 위험이 생길 수 있습니다. 어차피 투자를 시작했다면 '유동성 위험'에 대해서 알아둬야 합니다. 간단하게 설명하자면, 내가 원하는 때에 돈을 찾지 못하는 상황을 의미합니다. ETF의 시가총액이 작다는 이야기는 해당 ETF에 투자하는 사람이 적다는 뜻입니다. 내가 어떤 ETF를 10만 원에 팔고 싶어도 사주는 사람이 없으면 울며 겨자 먹기로 9만 원에 판매해야 합니다. 이런 상황을 유동성 위험이 있다고 합니다. 때문에 ETF는 충분히 시가총액이 커야 합니다. 유동성 위험의 개념은 추후 주식 투자를 할 때도 응용하므로, 꼭 알아두세요. 결론적으로, 시가총액이 최소한 100억 원, 보수적으로 본다면 500억 원 이상은 되는 ETF로 고른다는 겁니다.

STEP 4. 괴리율 확인

그다음으로는 괴리율을 확인합니다. 이것도 마찬가지로 '종목분석' 탭에서 확인할 수 있습니다. 적정 범위는 -2~2%입니다. 다음 예시 그림에서 오른쪽의 막대 그래프가 괴리율입니다. 우측의 % 밑의 숫자들을 보면

0~0.03% 정도의 차이를 보였습니다.

날짜	순자산가치(NAV)	ETF종가	괴리율(%)
2024/09/02	107,889.68	107,910	0.02
2024/08/30	107,866.24	107,890	0.02
2024/08/29	107,850.16	107,860	0.01
2024/08/28	107,837.95	107,850	0.01
2024/08/27	107,827.64	107,840	0.01
2024/08/26	107,817.25	107,830	0.01
2024/08/23	107,793.92	107,820	0.02

* 기초자산 종가 확정시간의 차이로 실제 시장 괴리율과 차이가 발생할 수 있음

괴리율이 무엇인지도 궁금하실 겁니다. 말 그대로 뭔가 괴리가 있다는 뜻입니다. 라면 ETF를 예로 들어보겠습니다. 라면 낱개 한 개의 가격이 1,000원입니다. 여섯 개를 모아서 한 묶음을 만들었습니다. 가격이 6,000원이 되어야겠죠? 그런데 마트에서는 할인가로 5,000원에 판매합니다. 1,000원의 괴리가 생기는 겁니다. 여기서 라면은 기초지수, 묶음은 ETF를 뜻한다는 거 이제는 아시겠죠? 낱개 라면 한 개와 한 묶음 사이에는 약 16.6%의 괴리율이 생깁니다([6,000-5,000]/6,000×100=16.67%).

만약 반대로, 라면 낱개의 가격이 500원인데, 묶었다는 이유로 열 개 들이를 6,000원에 판다면 소비자들은 어떨까요? 화가 날 겁니다. 때문에 주식 시장에서도 ETF가 실제 담은 자산(지수)과 괴리가 크면 경고하고 있습니다. 상장폐지될 수도 있다고 말입니다. 위에서 얘기했듯, ETF가 상장폐지된다고 해서 돈이 날아가진 않지만, 아주 귀찮은 일들이 발생합니다. 이런 일들을 미연에 방지하는 겁니다.

<u>STEP 5. 수수료 비교</u>

마지막으로 대망의 수수료 비교입니다. 네이버 증권에서 '펀드 보수(보수 수수료)'를 확인할 수 있습니다. 이 부분이 다른 ETF와 비교해서 낮아야 합니다. KODEX KOFR금리액티브와 TIGER KOFR금리액티브를 비교해야 한다는 이야기입니다. 그중 펀드 보수가 낮은 ETF로 골라야 합니다.

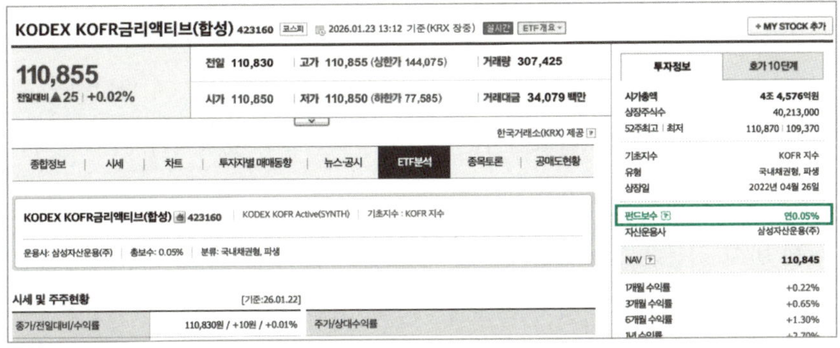

이 내용을 설명하면 수강생 분들은 매번 이렇게 묻습니다. "같은 곳에 투자하는데 왜 수수료가 달라요?" 하지만 조금만 생각해보면 당연합니다. 똑같은 라면인데도 농심 신라면과 오뚜기 진라면은 가격이 다릅니다. 금융이라고 다르지 않습니다. 똑같이 상품을 만드는 회사일 뿐입니다.

두 번째로 ETF에 대해 배운 분들이 묻는 질문도 있습니다. "네이버 증권의 '보수 수수료'를 보는 건 부족하지 않나요?" 하는 겁니다. 이 질문에 답변하기 위해서는 ETF의 수수료 개념을 좀 더 알아야 합니다. ETF에는 많은 종류의 수수료가 붙습니다. 운영 수수료, 관리 수수료, 신탁 수수료, 법률 비용, 감사 비용, 기타 관리 비용 등입니다. ETF는 자산운용사에서 만들고 관리합니다. 보수 수수료에는 '운영 수수료, 관리 수수료, 신탁 수수료' 정도만 포함되어 있습니다. 나머지 기타 비용들은 포함되어 있지 않습니다. 이걸 전부 합산한 것이 '총보수'입니다. 전체 비용을 알 수 있기 때문에 실제로는 '총보수'를 보는 게 맞습니다.

그런데 ETF를 비교하다 보면 대부분 보수 수수료가 높으면, 총보수율도 높습니다. 그만큼 보수 수수료가 차지하는 비중이 크기 때문입니다. 우리는 실질적으로 최대한 낮은 비용을 감당하면서 투자하는 걸 목표로 합니다. 때문에 네이버 증권의 보수 수수료를 보고 최적의 선택을 했는지 판단하는 것도 괜찮습니다(ETF CHECK에서는 총보수를 확인할 수 있습니다. 아주 정확히 판단하고 싶다면 추천합니다).

세 번째 질문은 "수수료는 언제 내나요?" 하는 겁니다. ETF의 수수료는 따로 내지 않습니다. 대신 수익률에 반영됩니다. 예를 들어보겠습니다. A와 B ETF가 있습니다. 둘 다 같은 지수를 담고 있습니다. A는 수수료가 비싸고, B는 저렴합니다. 지수는 10% 올랐습니다. 이때 A는 9.5%가 오른 반면, B는 9.9%가 올랐습니다. 수수료 차이 때문입니다. 따라서 수수료가 저렴한 ETF를 고른다는 건 자산을 더 빨리 굴리겠다는 의미입니다.

단기채권부터
시작입니다

이전까지 소개했던 상품들은 리스크가 아~주 적은 상품들이었습니다. 수익률 면에서 예·적금과 큰 차이가 나지 않았을 겁니다. 지금부터 소개하는 상품들은 조금씩 수익률도 클 겁니다. 대신, 공부해야 할 내용도 점점 늘어나겠죠?

저는 하이리스크 ↔ 하이리턴, 로우리스크 ↔ 로우리턴처럼 위험에 따라 수익률이 증가한다고 믿습니다. 위험은 감당하지 않으면서 어떤 꼼수로 수익률만 증가시킬 순 없습니다. 우리의 일상에서도 그렇습니다. 제 친구 중 한 놈은 거의 10년 가까이 변호사를 준비했습니다. 또 다른 친구는 대학 졸업 후 바로 취업을 했습니다. 변호사가 된 친구는 10년 동안 일정한 월급이 없는 리스크를 감당하고 이후에 높은 월급을 받게 되었습니다. 취업을 한 친구는 리스크는 없었지만 월급은 적당히 받을 수 있었습니다. 무엇이 옳고 그르다는 건 없습니다. 다만, 큰돈에는 그만한 리스크가 따른다는 말입니다. 딱 한 가지 변수를 만들 순 있습니다. 바로 남들이 모르는 부분, 오해하고 있는 부분을 찾는 겁니다. 이것도 금융보다는 일상으로 예를 들어보겠습니다.

대학 시절, 제가 좋아하는 동네 식당이 있었습니다. 친구가 서울에 올라오면 꼭 이 식당에 데려갔습니다. 저만 아는 곳이라 줄을 설 필요도 없었고, 가격도 저렴했습니다. 식당 사장님은 정말 음식에 대해 자부심이 있는 멋진 분이었습니다. 그렇게 몇 년이 지났습니다. 한 방송 프로그램에서 이 식당을 찾아와 촬영을 했습니다. 어떻게 되었을까요? 이제는 친구들에게 이 식당을 소개하려면 줄을 서서 기다려야 합니다. 음식의 가격들도 전반적으로 올랐습니다. 여태까지 이곳을 남들이 잘 몰랐고, '동네에 있는 평범한 가게' 느낌으로 오해했기 때문입니다.

금융 투자도 그렇습니다. 남들이 잘 모르고 있는 부분, 오해하고 있는 부분을 찾는 겁니다. 쉽게 말하자면, 모든 사람이 "A 투자 안 하면 바보"라고 할 때에도 "나는 B가 맞다고 생각해"라고 밀하는 겁니다. 이렇게 되려면 공부하는 수밖에 없습니다. 세상에 관심을 갖고, 금융에 관심을 가져야 합니다.

이 뒤부터는 여러분에게 생소한 이야기들이 나올 수 있습니다. 확실한 것은 재테크 실력을 늘리는 데에는 이렇게 단계별로 하나씩 밟아가는 게 제일 좋습니다. 제가 창업하고 나서 4년 동안 수백 명을 만나면서 깨달은 사실입니다. 믿고 공부해보세요. 지금까지 예·적금과 비슷한 상품들을 하면서 다음과 같은 여러 가지를 배웠을 겁니다.

- 만기가 없다.

- 어떤 지표(금리)에 따라서 수익률이 좋아지거나 나빠질 수 있다.

- 똑같은 자산도 담는 상품에 따라 수익률이 달라질 수 있다.

- 역사적인 사건이 영향을 준다.

- 여러 사람이 함께 매수(매도)를 하는 것이다.

- 유동성 위험이 있다.

이런 것들을 좀 더 익혀볼 겁니다. 하나씩 연습해봅시다.

숨겨진 5%
우량 장외채권 찾기

만약 동생이 어떤 투자부터 시작해야 하냐고 묻는다면 '장외채권'을 먼저 추천하겠습니다. 예금보다 1~2% 수익을 더 볼 수 있고, 만기가 정해져 있습니다. 즉, 예금보다 재밌으면서 고민할 것도 적다는 이야기입니다.

장외채권의 개념부터 짚어보겠습니다. 채권은 이미 배웠습니다. '다른 이에게 돈을 빌려주고, 만기에 원금 + 이자를 받는 구조'입니다. 더 이상 말하면 입만 아프겠죠.

추가로 알아야 할 개념은 '장외'입니다. '장외'의 반대말은 '장내'겠죠. 여태까지 배운 ETF는 장내에서 거래하는 상품입니다. 장내에서 거래하면 실시간 가격 변동을 확인하면서 장이 열려 있는 시간에 언제나 사고팔 수 있죠. 반대로, 장외는 조금 다릅니다. 그날의 가격이 고정되어 있습니다. 장내에 있는 투자 자산을 증권사에서 가져와 고정시켜서 판매하는 겁니다. 가격이 계속 변하면 우리 마음도 계속 갈대처럼 흔들릴 겁니다.

여러분이 예금만 알았던 가족에게 투자를 알려준다고 해봅시다. 만기가 정해져 있지 않고, 수익이 플러스와 마이너스를 오가면 뭐라고 할까요?

- **올랐을 때 하는 질문:** "언제 팔아야 돼…?"
- **내렸을 때 하는 질문:** "계속 투자해도 돼?ㅠ"

이 질문에 답변을 하려면 투자 방법을 알고, 투자에 대한 자신만의 철학을 가지고 있으며, 수년의 경험이 쌓여야 합니다. 그런데 장외채권을 활용하면 '언제'에 대한 문제를 해결할 수 있습니다. 또한, 투자를 하면서 좋은 회사를 고르는 안목도 키울 수도 있습니다. 어떻게 그럴 수 있냐고요?

채권은 앞서 설명한 것처럼 '다른 이에게 돈을 빌려주고, 만기가 되면 원금 + 이자를 받는 구조'입니다. 여기서 설명할 장외채권의 '다른 이'는 우량한 회사들입니다. A라는 회사가 있습니다. 2023년에 이 회사에 돈을 빌려줬다면 만기 이자로 4.3%를 받았을 겁니다. 그런데 2024년에는 똑같은 회사가 발행한 채권의 이자율이 2.9%로 줄었습니다. 경제 상황이 달라졌기 때문입니다. 투자를 해보면 같은 회사라도 투자하는 시점에 따라 수익률이 달라지는 것을 체감할 수 있습니다. 또 다른 측면에서 예를 들어보겠습니다.

A라는 회사는 라면을 판매하는 회사입니다. 회사가 돈이 필요해 채권을 발행하기로 했습니다. 1,000억 원 규모로 만기 이자는 4%로 정했습니다. B라는 회사도 라면을 파는 회사입니다. 마찬가지로 1,000억 원 규모의 채권을 5%

로 발행했습니다.

A는 수출까지 하는 건실한 기업입니다. 이자율을 적게 주더라도 수출까지 하는 사업구조를 보고 투자하고 싶어하는 투자자들이 있습니다. 반대로 B회사는 내수 위주의 회사로 수출을 하진 않습니다. 투자자들은 국내 시장 상황이 안 좋아지면 B회사도 흔들리지 않을까 걱정합니다. A보다 조금 더 이자를 줘야 투자자들의 마음을 움직일 수 있겠죠?

주식 투자도 마찬가지입니다. 수출을 하는 회사는 비싸게, 내수 위주인 회사는 싸게 거래가 될 겁니다. 이런 연습을 채권을 통해서도 할 수 있습니다. 이렇게만 얘기하면 와닿지 않을 수 있으니 장외채권의 특징을 몇 가지 살펴보겠습니다.

장외채권의 특징

① 증권사 앱에 '장외채권' 메뉴가 따로 있습니다.

장외채권은 증권사에서 만든 상품입니다. 일반적으로 회사가 발행하는 채권에 직접 투자하려고 하면, 쉽지 않습니다. 최소 단위가 너무 크거나 장내에서 가격이 계속 변동해 판단하기 쉽지 않습니다. 이런 문제를 증권사에서 해결합니다. 증권사에서 채권을 매입한 다음 상품으로 만드는 거죠. 이 상품은 가격이 고정되어 있고, 최소 투자 단위가 적습니다. 이런 배경이 있기 때문에 '메뉴'가 따로 있습니다.

② 신용평가사에서 해당 채권을 발행한 회사를 평가합니다.

회사들은 자금이 필요해 채권을 발행합니다. 투자자들에게 현금을 받고, 채권이라는 계약서를 주는 겁니다. 그런데 우리는 시세를 판단하기 어렵습니다. 발행하는 회사도 이자를 얼마나 줘야 할지 감이 없습니다. 앞에서 A, B 회사로 예를 들었지만, 회사의 사업 구조가 똑같은 경우는 거~의 없기 때문입니다. 그래서 '회사가 얼마나 믿을 만한가?'를 전문적으로 평가하는 회사가 있습니다. 이곳을 '신용평가사'라고 부릅니다. 신용평가사들이 회사를 A등급, BBB등급 같은 식으로 평가를 하는 겁니다.

③ 만기가 제각각입니다. 은행 예금처럼 정확히 1년인 것이 드뭅니다.

채권은 사고팔 수 있습니다. 때문에 5% 채권(365일 만기)을 살 수도 있고, 똑같은 채권이 남은 시간에 따라 4%(150일 잔존만기)로 바뀔 수도 있습니다. 하지만 장외채권은 중간에 팔기 쉽지 않습니다. 만기까지 가져가는 전략을 취하는 게 정신 건강에 좋습니다. 말은 복잡하지만 실제로는 증권사에서 표기가 되기 때문에 어렵지 않습니다.

④ 이자를 매달 혹은 3개월에 한 번씩 혹은 만기에 한꺼번에 받을 수 있습니다.

채권은 이자를 주는 방식이 다양합니다. 예·적금처럼 무조건 만기에 준다고 생각하지만 그렇지 않습니다. 다달이 주는 경우, 분기마다 주는 경우, 반기마다 주는 경우, 1년마다 주는 경우, 만기에 몰아서 주는 경우 등 아주 다양합니다. 채권을 발행하는 회사의 상황에 따라 달라집니다. 이것도 마찬가지로 증권사에서 다 표기되어 있기 때문에 걱정하지 않아도 됩니다.

⑤ 똑같은 채권이어도 만드는 증권사에 따라 수익률이 달라질 수 있습니다.

똑같은 채권도 증권사에 따라 최종 수익률이 달라질 수 있습니다. 증권사마다 채권에 부과하는 수수료가 다르기 때문입니다. ETF도 그랬지요? KODEX가 만든 금리 ETF와 TIGER가 만든 금리 ETF의 수수료가 달라서 수익률도 조금씩 차이가 났습니다. 장외채권도 마찬가지입니다.

⑥ 표면 이자율에 따라 절세를 할 수도 있습니다.

표면 이자에 따라 절세를 할 수도, 반대로 세금을 더 많이 부담할 수도 있습니다.

이러한 특징을 봤을 때, 장외채권의 용도는 세 가지입니다.

- 1개월~2년 정도의 기간 동안 돈을 맡겨야 할 때
- 당장 목돈을 쓸 일은 없지만 다달이 이자를 받고 싶을 때
- 절세(금융소득종합과세)를 위해서

장외채권부터는 리스크가 꽤 있기 때문에 단점도 반드시 알아야 합니다. 지금 여기서 잘 파악해두면 추후에 배울 '장기우량회사채 펀드' 같은 투자처도 배우기 편해집니다. 조금 길지만 읽어보세요.

채권은 돈을 빌려주고, 만기가 지나면 상대방이 원금 + 이자를 주는 구조라고 설명했습니다. 그런데 투자한 회사가 부도가 나면 어떻게 될까요? 돈을 받지 못합니다. 이런 부도 리스크를 감안해야 합니다. 그렇다면 두 가지

생각할 포인트가 있습니다. '실제로 부도가 났을 때 채권자들은 어떻게 될까?' 그리고 '부도가 날 확률은 얼마나 될까?'입니다. 먼저 부도 확률부터 보겠습니다.

신용평가사는 부도율을 퍼센트로 따져서 홈페이지에 공시하고 있습니다. 다음 그림은 NICE신용평가의 연간부도율 공시입니다.

2020년 코로나 이후에는 급격한 금리 인하가 있었습니다. 또, 2022년부터는 고금리 시대였습니다. A등급 이상의 회사들은 부도가 난 이력이 없고, BBB등급 이하는 이력이 있습니다. 확률로 따지면 3~10% 수준입니다. 이런 리스크를 최대한 줄이기 위해서 최소 A등급 이상의 회사채에만 투자를

연도/등급		AAA	AA	A	BBB	BB	B	CCC	CC	C	투자등급	투기등급
2025년 3분기	부도 업체수	0	0	0	0	0	0	0	0	0	0	0
	부도율	0.00	0.00	0.00	0.00	0.00	0.00	-	0.00	-	0.00	0.00
2024년	부도 업체수	0	0	0	0	0	1	0	0	0	0	1
	부도율	0.00	0.00	0.00	0.00	0.00	10.00	0.00	0.00	-	0.00	1.92
2023년	부도 업체수	0	0	0	0	2	0	0	0	0	0	2
	부도율	0.00	0.00	0.00	0.00	3.57	0.00	0.00	0.00	-	0.00	2.67
2022년	부도 업체수	0	0	0	0	0	1	0	0	0	0	1
	부도율	0.00	0.00	0.00	0.00	0.00	5.26	0.00	-	-	0.00	1.20
2021년	부도 업체수	0	0	0	0	0	0	0	0	0	0	0
	부도율	0.00	0.00	0.00	0.00	0.00	0.00	0.00	-	-	0.00	0.00
2020년	부도 업체수	0	0	0	0	0	1	0	0	0	0	1
	부도율	0.00	0.00	0.00	0.00	0.00	5.26	0.00	-	-	0.00	2.27

하길 권장합니다.

　실제로 위기를 겪은 회사의 채권 투자자들은 어떻게 되었을까요? 최근에 이런 일이 있었습니다. A등급을 받던 태영건설이 CCC등급으로 강등되었습니다. 주식은 거래정지가 됩니다. 태영건설은 워크아웃 절차를 밟고 있는 중입니다(위기가 있는 기업의 재무구조를 개선해 정상화하는 과정을 뜻합니다).

　그럼 태영건설 채권에 투자한 투자자들은 어떻게 되었을까요? 태영건설은 채권 투자자들에게 ①주식으로 전환, ②만기 연장, ③금리 인상을 제안했습니다. 회사가 채권 만기에 원금과 이자를 주기 힘드니, 만기를 연장해달라고 요청한 겁니다. 여기에 더해 일부는 주식으로 전환을 요청했습니다. 채권 투자자 입장에서는 태영건설이 완전 부도가 나면 더 힘들어지므로 이 요구를 수용해주고, 채권의 금리를 2.59% → 3%로 인상해주는 조건을 달았습니다. 2024년 9월, 태영건설은 핵심 사업 하나를 매각해 조 단위의 자금을 마련했습니다. 정상화에 속도가 붙고 있다는 기사가 나옵니다.

　이 이야기에는 두 가지 시사점이 있습니다. 채권 투자를 하면 원금을 받지 못할 리스크가 있습니다. 그렇지만 정상적인 회사에 투자했다면 부도 확률은 매우 낮고, 설령 부도가 난다고 하더라도 여러 구제 방안이 있습니다.

　재테크 공부를 좀 하다 보면 이런 질문도 합니다. "금리가 인하되면 채권의 가격이 오르잖아요? 장외채권으로 매매 차익을 볼 수도 있지 않을까요?" 가능한 이야기입니다. 문제는 장외채권은 '장외'에서만 거래가 된다는 점입니다. 장내채권은 시장 안에서 거래가 가능하지만 장외채권은 이 채권을 사줄 사람이 없습니다. 아주 가끔 판매했던 증권사에서 매입해주는 경우도 있지만, 기대하기는 어렵습니다. 제 동생이 이런 질문을 했다면 만기까지 이자를 받는 전략을 강력 권장할 겁니다.

혹은 금리의 변화를 알아채고 재빠르게 매매할 수 있다고 생각할 수도 있습니다. 만약 그런 능력이 있다면 채권 거래가 아니라, 더 폭발적인 수익을 가져다주는 공격 자산(주식이나 코인)에 투자하는 게 낫습니다. 지금은 단계별로 해주세요.

장외채권은 회사에 돈을 빌려주는 겁니다. 이번에는 회사가 아니라 사업하는 친구라고 생각해보겠습니다. 친구가 카페를 차리려고 합니다. 초기 비용에서 1억 원이 모자랍니다. 착한 여러분은 1억 원을 빌려주기로 했습니다. 그런데 중간에 돈을 쓸 일이 생겨 친구에게 1억 원을 다시 돌려달라고 합니다. 친구는 그럴 수 없다고 합니다. 이미 카페 인테리어 업자에게 돈을 넘겼으니까요.

마찬가지로, 회사도 이 돈을 받아서 만기까지 어디엔가 쓸 겁니다. 갑자기 돌려달라고 하면 그럴 수 없습니다. 물론 가끔 장외채권을 중도 매도하는 경우도 있습니다. 그렇지만 이런 경우는 매우 드뭅니다. 장외채권에 투자한다면 만기까지 확실히 안 쓸 돈으로 해야 합니다.

최근 우리나라 금융이 발달함에 따라, 장외채권을 중도 매도할 수 있는 경우가 늘고 있긴 합니다. 다만, 이것은 효율적이지는 않습니다. 채권의 매매 차익을 노릴 바에는 주식의 매매 차익을 노리는 것이 낫습니다. 들어가는 노력이 비슷하기 때문입니다.

장외채권 실제로 어떻게 확인하나요?

실제로 구독자들은 "어떻게 하나요?"를 가장 많이 묻습니다. 하지만 막상 유튜브 영상으로 이 과정을 찍어서 보여드리면 관심이 없습니다. 정보가 너무 빠르게 지나가서 그런 것 같습니다. 그래서 책에 남겨둡니다.

STEP 1. 장외채권 메뉴 찾기

장외채권은 증권사별로 다른 데다 대부분의 증권사들은 장이 끝나는 시간 이후에는 장외채권 상품을 확인하기 어렵습니다. 이 점에서 가장 확인이 편한 키움증권으로 예를 들겠습니다.

금융 상품 메뉴를 클릭하고, 국내 채권 메뉴를 클릭합니다. 장외채권은 증권사에서 만든 '상품'이라고 설명했었죠? 우리는 국내 채권에 투자합니다 (해외 채권은 환율 변동 리스크가 있기 때문에 투자를 권장하지 않습니다. 제 동

생이라면 "제발 그런 짓 하지 마!"라고 했을 거예요).

STEP 2. 세전 은행 환산 수익률 확인하기

채권은 표면 금리와 실질 금리가 다르기 때문에 헷갈립니다. 그래서 증권사에서는 '은행 예금처럼' 금리를 표현해주기로 했습니다(어떤 증권사는 이런 부분이 표시되어 있지 않기도 합니다). 그래서 은행 예금 5%짜리와 아래 예시인 하나은행 47-4 채권을 비교한다면 아래 채권이 5.33%로 0.3% 유리하다는 걸 확인할 수 있습니다.

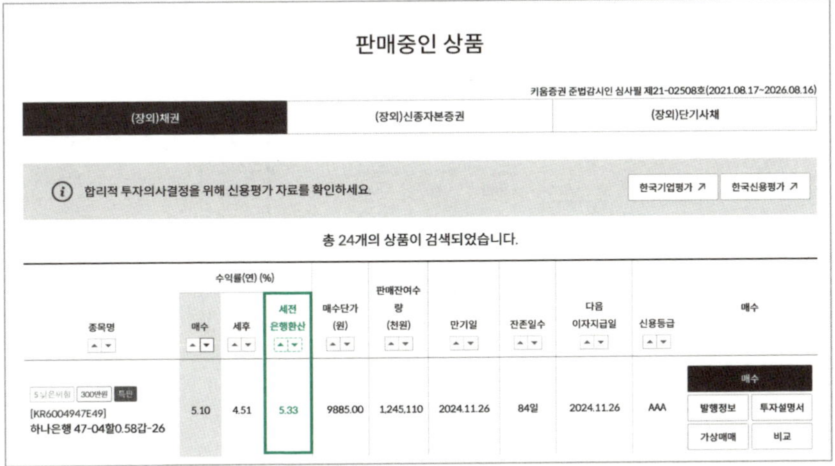

종목명	수익률(연) (%)			매수단가 (원)	판매잔여수량 (천원)	만기일	잔존일수	다음 이자지급일	신용등급	매수
	매수	세후	세전 은행환산							
[KR6004947E49] 하나은행 47-04할0.58갑-26	5.10	4.51	5.33	9885.00	1,245,110	2024.11.26	84일	2024.11.26	AAA	발행정보 / 투자설명서 / 가상매매 / 비교

STEP 3. 신용등급 확인하기

앞서 설명한 것처럼 채권의 가장 큰 리스크는 부도입니다. 회사가 망할 확률을 최대한 낮추고 투자해야 합니다. 위 채권은 회사의 신용등급이 AAA로 매우 우량합니다. 게다가 수익률도 좋으니 '특판'이라는 말이 붙은 거겠죠?

| 종목명 | 수익률(연) (%) | | | 매수단가 (원) | 판매잔여수 량 (천원) | 만기일 | 잔존일수 | 다음 이자지급일 | 신용등급 | 매수 |
	매수	세후	세전 은행환산							
[KR6004947E49] 하나은행 47-04할0.58갑-26	5.10	4.51	5.33	9885.00	1,245,110	2024.11.26	84일	2024.11.26	AAA	매수 / 발행정보 / 투자설명서 / 가상매매 / 비교

총 24개의 상품이 검색되었습니다.

STEP 4. 잔존 일수 확인하기

'내가 이 채권에 투자하면 언제 원금을 받을 수 있는지?'를 확인합니다. 돈이 흘러넘치는 사람은 없으므로 자금 계획은 반드시 세워야 합니다.

| 종목명 | 수익률(연) (%) | | | | 매수단가 (원) | 판매잔여수량 (천원) | 만기일 | 잔존일수 | 신용등급 | 매수 |
	매수	세후	민평금리	세전 은행환산						
[KR6029692F91] 롯데캐피탈484-2	4.00	3.46	3.98	4.09	9911.00	600,000	2028.09.15	2년253일	A+	매수 / 민평정보 / 발행정보 / 투자설명서 / 가상매매 / 비교

총 26개의 상품이 검색되었습니다.

STEP 5. 매수

이후에 매수를 해줍니다.

전문가가 골라주는
우량회사채 꾸러미

장외채권을 고르고 투자하는 과정이 답답하고 두려울 수 있습니다. "내가 잘못 골랐다가 부도나면 어떡해….""우리 아내(남편)한테 설명하기 어렵네…." 채권 투자에서 최대의 리스크는 부도라고 설명했습니다. 그렇다면 이 문제를 어떻게 해결할 수 있을까요? 간단합니다. 바로 분산 투자를 하는 겁니다.

① 여러 채권을 매입해 분산 투자를 합니다.

예를 들어, 한 개의 채권을 매입하고 회사가 망했다고 해봅시다. 손실률이 100%입니다. 심란하고, 가족들 볼 면목도 없을 겁니다. 그런데 20개의 채권을 매입하고 그중 하나의 회사가 망했다고 하면, 손실은 5%입니다. 여기에 나머지 열아홉 개의 회사에서 5%씩 이자를 줘서 원금도 지켰습니다.

물론 이런 방법에서도 문제가 발생합니다. 실제로 제 유튜브에 달렸던 댓글입니다.

"본업하기도 바쁜데 채권을 20개씩이나 어떻게 고르냐…. 하나 고르기도 벅차. 너는 유튜버니까 할 수 있지."

이 문제도 다음과 같이 해결할 수 있습니다.

② 이미 분산 투자된 펀드를 고르는 겁니다.

펀드는 펀드매니저가 나 대신 골라주는 일을 합니다. 우리는 채권을 직접 투자할 때 '신용등급이 높은 채권', '망할 확률이 낮은 채권'에 투자합니다. 이런 조건으로 구성된 펀드를 고르는 겁니다. 우리가 세운 조건에 맞는 펀드는 보통 '우량채', '우량회사채'라는 단어가 이름에 들어가 있습니다. 먼저 이런 펀드의 특징을 보고, 이후에 어떻게 고르는지까지 예시를 들어보겠습니다.

우량채 펀드의 특징

장점 1. 분산 투자되어 있어 편합니다.

위에서 설명한 것과 같습니다. 적게는 열 개, 많게는 수십 개의 채권에 나눠서 투자합니다.

장점 2. 매도하기 편합니다.

장외채권을 매수하면 중간에 매도하기가 매우 어렵다고 했습니다. 그런데 우량채 펀드는 여러 채권에 투자 중이기 때문에 매도가 가능합니다. A채권의 만기는 3개월 남았고, B채권의 만기는 1년 남았고, C채권의 만기는 2년 남았고, D채권은 내일 만기가 됩니다. 그러면 펀드매니저가 D채권을 대체할 채권을 발굴해 새롭게 포함시킵니다. 이런 식으로 만기가 다양하기 때문에 중간에 언제라도 매도할 수 있습니다(다만, 이전에 배웠던 펀드처럼 실제로 현금을 손에 쥐는 데는 3~14일까지 걸릴 수 있습니다. 구체적인 내용은 투자 설명서에서 확인해주세요).

장점 3. 앞서 설명한 단기채권 펀드보다 수익률이 높습니다.

단기채권 펀드는 안전한 투자처(국채, 국공채) 위주로 구성되어 있습니다. 국채는 정부에서 발행한 채권이므로 망할 일이 거의 없습니다. 회사는 아무래도 정부보다는 안정성이 떨어질 겁니다.

그러다 보니 실제 수익률에서 우량채 펀드가 1~3% 정도를 더 가져갈 수 있습니다. 작지만 어쨌든, 리스크를 더 감당하는 겁니다.

단점도 이야기하겠습니다.

단점 1. 수익률 악화 가능성

회사채 펀드는 펀드에서 일부 회사를 잘못 골랐다면 수익률이 나빠질 수 있습니다. 20개 전부 다 잘 고른 펀드는 수익률이 5~6%인 반면, 한 번 삐끗

한 펀드는 4%로 주저앉을 수 있다는 이야기입니다.

이 이야기가 와닿지 않는다면 실제 수익률 표를 보여드리겠습니다. 아래는 '교보악사 Tomorrow장기우량증권투자신탁K-1호 (채권) S-P' 펀드의 기간수익률 비교입니다.[5]

● 기간수익률 수익률 계산기 　　　　　　　　　　　기준일 : 2024.09.02

구분	1개월	3개월	6개월	1년	2년	3년	5년	설정후
수익률	-0.12%	3.37%	4.19%	8.31%	13.53% (연6.54%)	6.01% (연1.96%)	8.27% (연1.60%)	20.29%
비교지수	0.17%	1.63%	2.54%	5.18%	9.69% (연4.73%)	6.37% (연2.08%)	9.07% (연1.75%)	18.66%
유형평균	-0.12%	3.33%	4.10%	7.89%	12.92% (연6.25%)	4.33% (연1.42%)	4.92% (연0.96%)	-
%순위	60/100	24/100	25/100	24/100	24/100	21/100	18/100	-

해당 펀드는 1년 수익률이 8.31%였습니다. 같은 기간 채권 비교지수 (우량회사 40개 평균)의 수익률은 5.18%였습니다. 회사채 펀드들의 수익률은 7.89%였습니다. 해당 펀드는 수익률이 높은 채권들을 잘 골라 평균보다 0.5% 수익을 더 본 겁니다(비교지수: KOBI Market × 90% + CALL × 10%). 반대로, 어떤 펀드는 평균보다 못하기도 합니다.

단점 2. 수수료

펀드매니저가 골라주는 펀드에 투자하면 수수료가 발생합니다. 일반적

으로 최대 2%까지 부과됩니다. 이 부분은 내가 직접 장외채권을 고른다면 훨씬 절감할 수 있습니다. 펀드 투자자들은 수수료가 가장 아깝습니다. '펀드매니저가 수수료 이상의 역량을 해줄 수 있는지?'가 관건입니다. 이는 '평균 대비 잘했는가?'를 보면서 확인할 수 있습니다.

제 유튜브를 보고 공부한 분들은 이런 질문을 하곤 합니다. 샤프지수, 젠센알파, 트래킹에러 같은 펀드 평가지표들을 보는 건 어떠냐고 말입니다. 이런 부분은 펀드평가사들에서 할 일이지, 일반 투자자들이 볼 내용은 아닙니다. 펀드평가사의 등급, 그리고 평균보다 잘했는지 정도만 확인해도 충분합니다.

우량회사채 펀드, 어떤 용도로 쓰면 좋을까요?

① 예금 대신

예금 특판에 가입하려면 여러 조건들을 충족해야 합니다. 하지만 펀드 가입은 수수료를 제외하면 구매에 특별한 조건이 없습니다. 게다가 '수수료를 내면 저만큼 수익률이 안 나오지 않냐?'라는 건 이상한 질문입니다. 이미 수수료가 반영된 수익률이기 때문입니다.

② 단기 자금

3년 뒤에 부동산 매수 등과 같은 이유로 목돈을 써야 하는 경우에 단기

자금 관리로 맡겨두세요. 단기채권보다 약간 더 높은 수익을 볼 수 있을 겁니다. 물론 수익률 하락의 리스크도 있습니다.

③ 연금 계좌 매수

연금 계좌가 오로지 예금으로만 구성되어 있고, 여러분이 당장 연금 계좌에 든 목돈으로 투자를 구성하기 무섭다면, 단기채 펀드가 대안이 될 수 있습니다.

어떻게 골라요?

단기채권 펀드를 고르는 과정과 같습니다. 하지만 리스크가 조금 더 생겼기 때문에 다음과 같은 부분도 함께 보면 좋겠습니다.

과거 수익률은 어땠나요?

펀드 설정일 2021.10.05

기간수익률 [수익률 계산기]

기준일 : 2026.01.26

구분	1개월	3개월	6개월	1년	2년	3년	5년	설정후
수익률	16.07%	23.71%	59.03%	62.97%	104.44% (연42.91%)	226.84% (연48.35%)	-	202.95%
비교지수	-0.06%	0.87%	13.08%	21.17%	56.70% (연25.14%)	129.18% (연31.81%)	-	94.87%
유형평균	4.18%	7.02%	24.06%	27.66%	66.42% (연28.96%)	124.86% (연30.98%)	-	-
%순위	3/100	2/100	2/100	4/100	5/100	2/100	-	-

* 비교지수는 펀드평가사(제로인)가 부여한 비교지수로 투자설명서의 비교지수와 다를 수 있습니다.
* 유형평균 및 %순위는 펀드평가사(제로인)의 소유형 기준으로 제공됩니다.
* 펀드평가사(제로인) 소유형 : 정보기술섹터

성과 부분에서 기간 수익률을 표로 봐주세요. 차트로 봤을 때보다 훨씬 직관적으로 판단할 수 있습니다. 당연히 비교지수, 유형평균보다 높은 수익률을 낸 펀드가 잘하는 펀드입니다.

지금까지 예·적금 대신 사용할 수 있는 기본적인 투자 상품들에 대해서 알아봤습니다. CMA 통장, MMF, 단기채권 펀드, 단기채권 ETF, 장외채권, 우량회사채 펀드(ETF) 등… 벌써 상품이 많죠? 정리를 한번 하겠습니다. 다음 내용을 보면 '그래서 뭘로 골라요?'에 대한 답이 되실 겁니다.

- **CMA 통장**: 증권사 기본 통장입니다. 현금 관리 및 비상금 보관에 좋습니다.
- **MMF**: 아주 리스크가 낮은 투자 단계입니다. 비상금 보관에는 좋지만, 현금을 관리하기에는 약간 불리합니다. 넣거나 뺄 때 시간이 걸리기 때문입니다.
- **단기채권 펀드**: 회사채가 섞인 펀드를 고른다면 수익을 좀 더 노려볼 수 있습니다.
- **장외채권**: 묶여도 되는 돈을 넣습니다. 대신 수익률이 큽니다. 저위험 상품 중 가장 리스크가 큽니다.
- **우량회사채 펀드(ETF)**: 장외채권이 무섭고, ETF를 연습하고 싶다면 활용합니다.

4장

본격 투자:
포트폴리오 만들기

오래 버티는
투자 구조 만들기

저위험 상품에 투자해보셨나요? 그렇다면 이제 포트폴리오 투자로 넘어갈 단계입니다. 포트폴리오 투자가 뭘까요? 한경 경제용어사전의 설명을 빌리자면 "주식, 채권 및 다른 여러 종류의 투자를 섞어 위험은 줄이고, 투자 수익은 극대화한 투자 기법이다. 성공 투자의 핵심으로 불린다"라고 되어 있습니다. 즉, 주식뿐 아니라 여러 자산들을 섞어서 투자하는 겁니다. 선진국은 연금을 대부분 포트폴리오 투자로 굴립니다. 우리 같은 사람에게는 목돈(연금)을 굴릴 포트폴리오가 필수입니다. 다음 세 가지 이유 때문입니다.

① 수익률: 선진국과 한국의 연금 수익률 비교

미국의 401(k) 퇴직연금은 지난 10년간 연평균 수익률이 8.4%였습니다.

반면, 한국의 퇴직연금은 같은 기간 연평균 수익률이 2.07%에 불과했습니다. 이러한 차이는 포트폴리오 구성의 중요성을 명확히 보여줍니다.

포트폴리오의 안정성은 시장 급락 시기에도 입증되었습니다. 2008년 금융위기 당시 나스닥은 약 40% 하락했지만, 영구 포트폴리오는 약 1%의 하락률을 기록했습니다. 또한, 2020년 코로나 팬데믹 초기에도 나스닥이 약 30% 급락할 때 영구 포트폴리오는 약 4%의 하락률을 보이며 손실을 최소화했습니다.

② 리스크: 시장 변동성에 대한 대응

2025년 4월, 트럼프 전 대통령의 관세 인상 발표로 미국 증시가 급락했습니다. 다우존스는 하루 만에 4.0%, S&P500과 나스닥도 각각 3.8%와 4.1%씩 하락했습니다. 반면, 금을 포함하고 있던 포트폴리오는 오히려 상승했습니다. 포트폴리오는 잘 구성하기만 하면 하락 폭을 줄일 수 있습니다.

③ 난이도: 하락 폭이 적어 심리적 부담 감소

포트폴리오는 다양한 자산에 분산 투자함으로써 개별 자산의 하락이 전체 자산에 미치는 영향을 줄입니다. 시장 변동성에 대한 심리적 부담을 덜 느끼게 되어 장기적으로 투자를 유지할 수 있습니다. 그렇다면, 어떻게 여러 자산을 섞을지 궁금하시겠죠? 이 다음 페이지부터는 바로 여러분이 적용할 수 있도록 대표적인 포트폴리오들을 소개하겠습니다.

본격 투자 전,
투자 성향 판단해보기

운전을 하기 전에는 나의 운전 스타일을 잘 모릅니다. 실제로 서울 도심 한복판에서도 운전해보고, 고속도로도 달려봐야 나만의 스타일을 알 수 있습니다. 투자도 마찬가지입니다. 다만, 질문에 답을 하며 추측해볼 순 있습니다. 아래 열 가지 질문에 답변해보세요.

질문 1.

**동전을 던졌을 때 앞면이 나오면 1,000만 원, 뒷면이 나오면
돈을 못 가져갑니다. 참가비는 100만 원입니다. 베팅할 건가요?**

① 절대 하지 않는다. (1점)

② 고민해보고 상황에 따라 한다. (2점)

③ 바로 베팅한다. (3점)

질문 2.

**친구가 새로운 가게를 오픈하면서 자기에게 투자하면
30% 이상의 수익을 기대할 수 있다고 합니다. 어떻게 할 건가요?**

① 확실하지 않으니 투자하지 않는다. (1점)

② 친구의 계획을 보고 결정한다. (2점)

③ 30% 이상의 수익을 기대하며 투자한다. (3점)

질문 3.

복권에 당첨될 확률은 매우 낮지만, 1등 당첨 시 10억 원을 받을 수 있습니다. 복권을 살 건가요?

① 절대 사지 않는다. (1점)

② 가끔 재미로 산다. (2점)

③ 자주 산다. (3점)

질문 4.

여행을 계획할 때, 어떤 방식으로 준비합니까?

① 안전한 여행 상품을 선택한다. (1점)

② 리뷰를 보고 괜찮아 보이는 곳을 선택한다. (2점)

③ 위험하지만 모험적인 여행지를 선택한다. (3점)

질문 5.

새로 나온 한정판 신발의 가치가 1년 안에 50% 오른다는 소문이 있습니다. 지금 사둘 건가요?

① 확신이 없으니 사지 않는다. (1점)

② 가능성은 있지만 신중히 고민한다. (2점)

③ 50% 이상 오를 것이라 믿고 바로 산다. (3점)

질문 6.

**최근 주식 시장 활황으로 회사 동료와 친구들 모두 주식 투자를 시작했습니다.
따라서 시작할 건가요?**

① 절대 하지 않는다. (1점)

② 상황을 보고 일부 투자한다. (2점)

③ 주식 투자에 적극적으로 참여한다. (3점)

질문 7.

현재의 자산 상태는 어떤가요?

① 여유 자금이 없다. (1점)

② 월 소득의 10% 정도 여유 자금이 있다. (2점)

③ 월 소득의 30% 이상 여유 자금이 있다. (3점)

질문 8.

**당신이 자주 가는 카페에서 새로운 메뉴를 선보이며,
사전 예약하면 20%를 할인해준다고 합니다. 어떻게 하겠습니까?**

① 기존 메뉴만 먹는다. (1점)

② 리뷰를 보고 나서 결정한다. (2점)

③ 바로 사전 예약한다. (3점)

질문 9.

고향 친구가 대출을 받아 가게를 차린다고 합니다.
기억하기로는 사업 수완이 꽤 좋았던 친구였습니다.
친구가 5,000만 원짜리 보증을 서달라고 하면 어떻게 하겠습니까?

① 절대 서지 않는다. (1점)

② 친구의 상황을 보고 결정한다. (2점)

③ 친구를 믿고 바로 보증을 선다. (3점)

질문 10.

당신의 연령대는 어떻게 되나요?

① 50대 이상 (1점)

② 30~40대 (2점)

③ 20대 (3점)

점수 체크
- 안전 지향: 10~16점
- 중간 성향: 17~23점
- 공격 지향: 24~30점

내 손으로 직접 만드는
포트폴리오

자신의 성향을 파악했다면, 지금부터는 컴퓨터를 켜고 책을 보면서 그대로 따라오세요.

포트폴리오 투자는 역사를 바탕으로 레시피를 만든 것입니다. 따라서 '과거가 반복되는가'에 대한 의문이 있을 수 있습니다. 월가의 살아 있는 전설이자 220조 원을 굴리는 투자자인 켄 피셔Kenneth Fisher는 『주식 시장은 어떻게 반복되는가』라는 책을 내기도 했습니다. 역사는 반복됩니다. 하지만 현실적으로 우리가 모든 역사를 알고 최적의 대응을 하기는 힘듭니다. 출근도 해야 하고, 다른 즐거운 일들도 해야 합니다. 그래서 통계를 이용해 수익률과 손실률을 예측합니다. 안타깝게도 우리나라에는 포트폴리오를 점검할 적합한 프로그램이 없습니다(있더라도 너무 짧은 기간만 포함하거나 테스트 기간이 한정적입니다). 조금 어려울 수 있지만 외국 프로그램을 이용해봅시다.

① 검색 창에 '포트폴리오 비주얼라이저'를 검색합니다.

② 회원가입(Sign up)을 합니다.

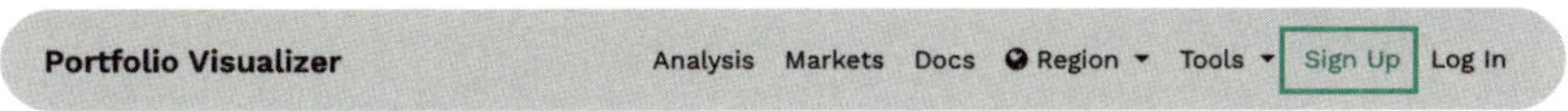

③ 가입할 때 Profile Type은 Individual Investor로 넣어줍니다.

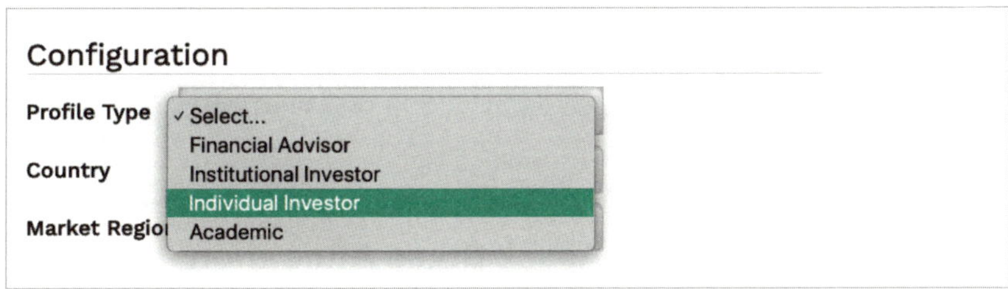

④ 로그인 후, 첫 화면으로 돌아옵니다. 여기서 Backtest Asset Allocation을 클릭합니다.

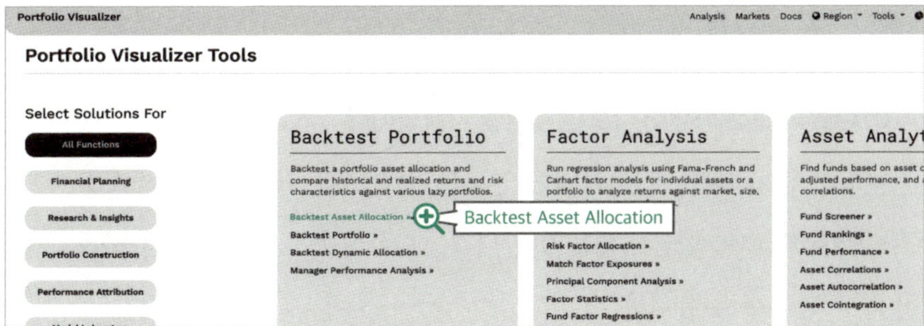

⑤ Open Analysis 클릭합니다. 분석을 시작하겠다는 뜻입니다.

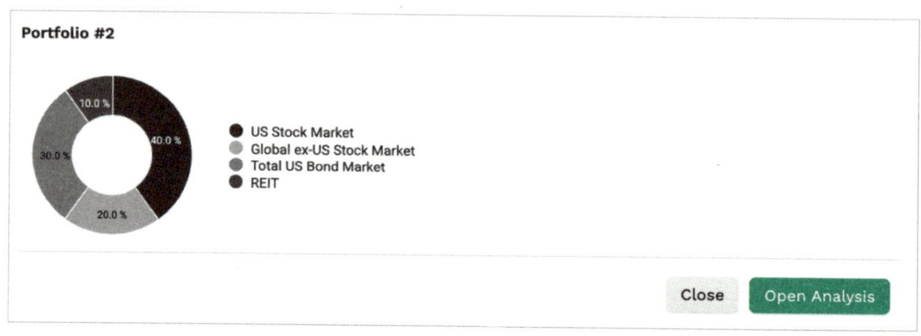

⑥ Customize Data를 클릭합니다.

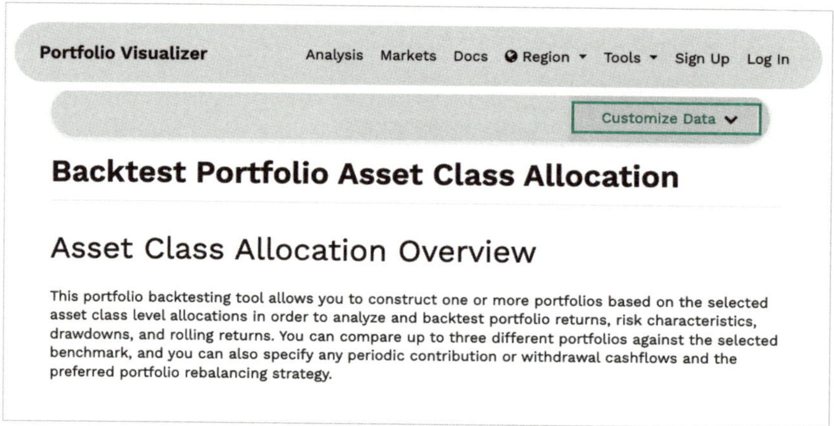

⑦ 다음과 같은 화면이 나오면 세팅을 시작합니다.

- End Year: 테스트를 끝내는 연도를 뜻합니다. 올해로 넣어주세요.

- CashFlows: 현금흐름을 뜻합니다. 매달 넣을지, 매년 한 번 넣을지, 한 번 넣고 말지를 뜻합니다.

- 적립식 투자의 성과를 보고 싶다면 Contribute fixed amount를 클릭하고, Contribution Frequency를 Monthly로 입력하세요. 매달 넣겠다는 뜻입니다.

- 1년에 한 번 넣은 성과를 보고 싶다면(연금) Contribution Frequency에 Annually를 입력하세요.

- 한 번에 목돈을 넣은 성과를 테스트하고 싶다면 Cashflows에 None을 넣어주세요.

- Rebalancing: 리밸런싱입니다. 얼마 주기로 매수 및 매도할지를 넣습니다(Rebalance annually는 연초에 사고, 연말에 판다는 뜻입니다. Rebalance monthly는 월초에 사고판다는 뜻입니다).

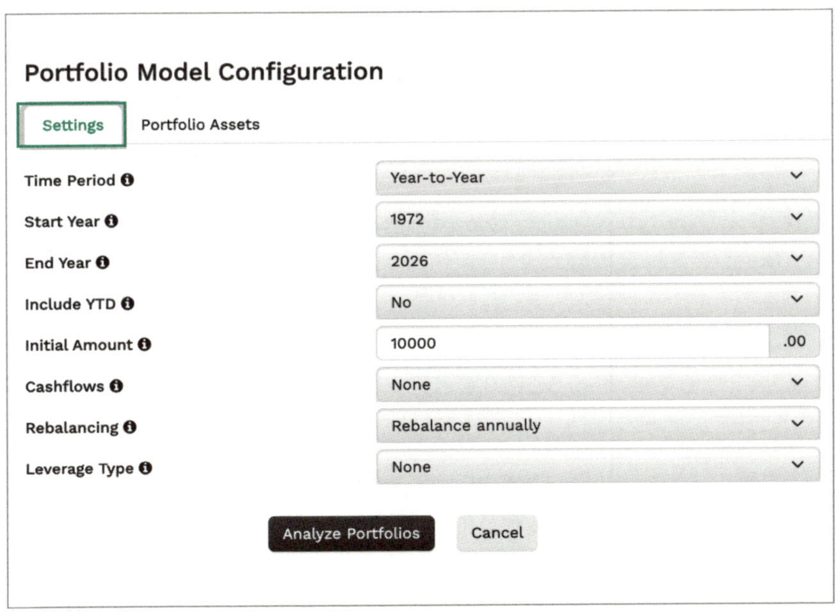

⑧ 화면 아랫부분으로 내려와서 Asset Class를 설정합니다.

- US Stock Market: 미국 주식

- 10-year Treasury: 중기채권

- Long Term Corporates Bonds: 장기채권

- GOLD: 금

- Commodities: 원자재

- Cash: 현금

일단 툴을 연습하는 것이므로, 아무 수치나 넣고 분석해봅니다.

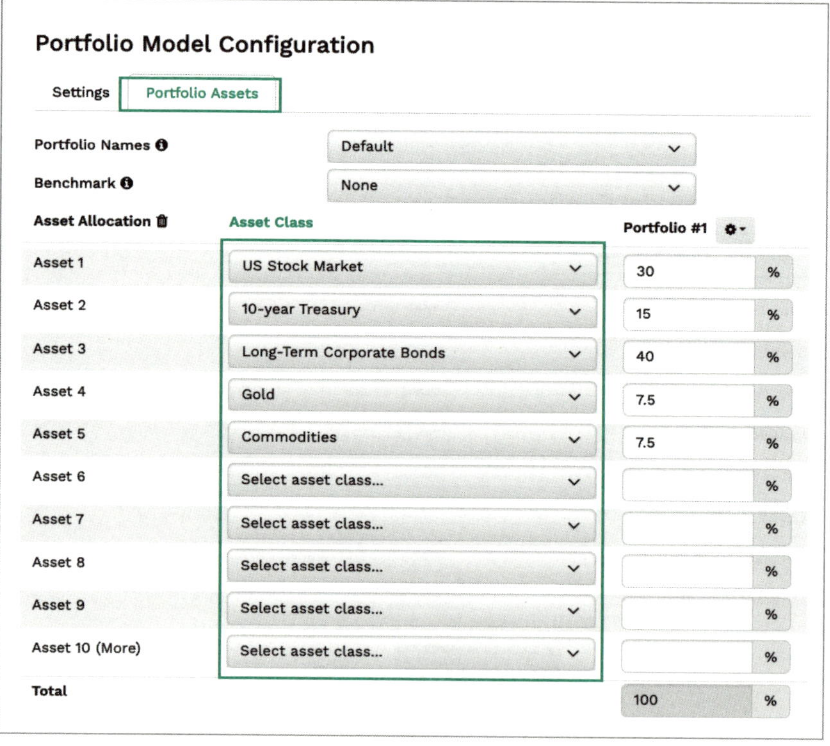

⑨ 밑의 파란 버튼을 눌러주세요.

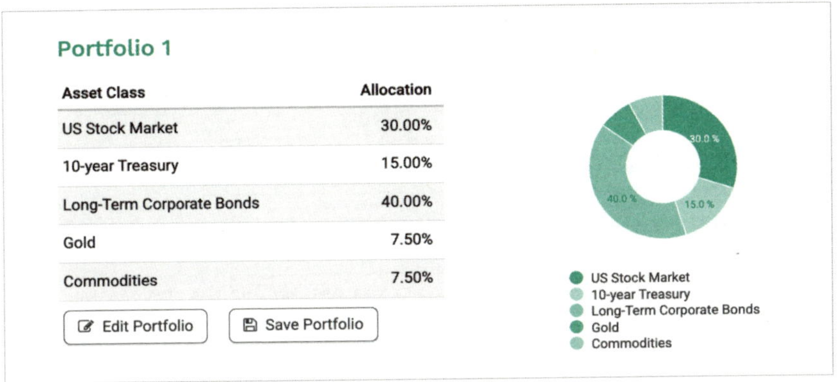

⑩ 통계를 볼 수 있습니다.

⑪ 수치를 체크합니다. 이 화면은 '이렇게 통계를 냈다'는 뜻입니다. 두 가지가 여러분이 가장 궁금해하는 수치입니다.

- 연평균 수익률이 얼마나 되는가?

- 최대 손실률이 얼마인가?

- CAGR: 연평균 수익률을 뜻합니다. 적립식 투자를 했을 때, 28%의 수익이 났습니다. 적립식으로 투자하면 TWRR을 봐야 합니다. 이것은 복리 수익률을 뜻합니다. 약 7.4%가 나왔네요.

- Max. DrawDown: 최대 손실률을 뜻합니다. -14%가 나옵니다. 우리는 최악을 가정했을 때를 보고 싶은 것이므로 괄호가 아니라 최악의 숫자를 확인합니다.

【 포트폴리오 성과 요약 】

Portfolio	Initial Balance	Final Balance	CAGR	TWRR	MWRR	Stdev	Best Year	Worst Year	Max. Drawdown
Portfolio 1	$10,000	$40,491	8.09%	7.4%	7.8%	7.12%	15.56%	−3.71%	−14.91% (−6.51%)

* 괄호 안에 표시된 수치는 정기적으로 추가 투자한 금액까지 반영한 결과입니다.

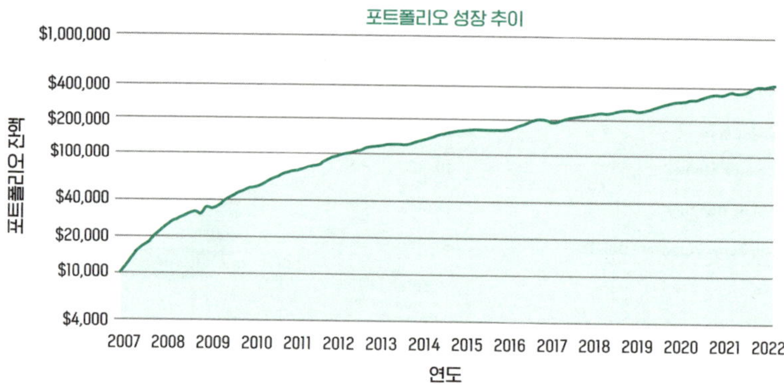

통계에는 함정이 있습니다. 통계의 마지막 시점이 성과가 좋은 해라면 과대평가되고, 통계의 마지막 시점이 최악의 해라면 과소평가됩니다. 즉, 동일한 포트폴리오더라도 마지막 시점의 성과에 따라 연평균 수익률이 달라질

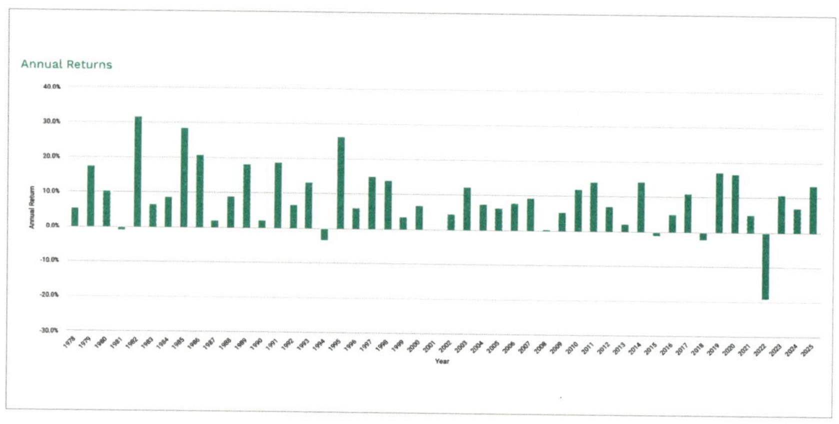

수 있습니다. 따라서 기준으로 잡았던 올웨더 포트폴리오의 경우 5~10% 정도의 평균 수익을 기대할 수 있습니다.

- 연도별 성과를 볼 수 있습니다. 여기서 세 가지를 더 체크해야 합니다.

- 이 포트폴리오로 최악의 상황일 때 얼마나 버텨야 하는지 알 수 있습니다.
- 연평균 수익률이 5~10%더라도 어떤 해에는 성과가 더 좋고, 어떤 해에는 더 나쁠 수 있습니다.
- 최악의 해 이후에는 상승이 옵니다.

⑫ 스스로 비중을 조절하면서 통계를 확인합니다.

최고의 비중이 무엇인지 궁금하겠죠? 우리가 처음 요리를 배운다면 유명 레시피를 먼저 찾아볼 겁니다. 마찬가지로 우리는 전문 투자자가 아니므로, 레시피대로 할 계획입니다. 유명한 포트폴리오 레시피들은 이 다음부터 설명합니다.

리스크를 줄이는 황금 비율,
6:4 포트폴리오

왜 사람들이 주식과 채권을 섞어서 투자하기 시작했는지, 옛날 이야기를 해보겠습니다. 1602년, 세계 최초의 주식회사인 네덜란드 동인도회사VOC, Verenigde Oostindische Compagnie가 설립되었습니다. 학창 시절 역사 시간에 배웠던 그 회사입니다. 이 회사는 세계 최초로 증권거래소에서 공모를 실시했습니다. 바로 주식의 탄생입니다.

당시 투자자들은 10년짜리 항해 프로젝트(아시아 향신료 무역)에 참여하면서 극단적인 리스크를 체감했습니다. 네덜란드에서 인도까지 향신료를 가지러 갈 때는 배가 난파할 확률이 매우 높았습니다. 대신 향신료를 싣고 오기만 하면 대박이었죠. 무려 투자금의 75 %를 '현물과 현금' 배당으로 투자자들에게 줬다고 합니다. 동인도회사의 주가는 4년 만에 약 두 배까지 성장했습니다.

대신, 배가 돌아오지 않으면 주식은 단박에 휴지 조각이 되었습니다. 그래서 투자자들은 한 가지 방법을 고안했습니다. 투자금 1억 원이 있다면 절반은 주식에 투자하고, 나머지 절반은 채권에 투자하는 겁니다. 그때 네덜란드의 국채 수익률은 연 4% 수준이었습니다. 10년이면 40%의 수익이었죠. 이 포트폴리오를 분석한 자료(《옥스퍼드 이코노믹 페이퍼Oxford Economic Papers》, 2015)에 따르면, 1630년대 상위 10% 투자자는 자산의 평균 55%를 동인도회사와 항해 회사 주식, 나머지 45%를 국채와 도시채에 배분해 연간 6~7%의 수익률을 실현했습니다. 나쁘지 않은 수치였습니다. 400년 전에도 사람들은 리스크를 피하려고 노력한 겁니다. 자산을 섞으면 폭풍 속에서도 배가 뒤집히지 않는다는 교훈이 여기에서 출발했습니다.

아마 주변에서 주식만 하는 분들을 만나봤을 겁니다. 그들은 삼성전자 같은 기업이나 미국 주식에 직접 투자하는 것을 선호합니다. 문제는 안전 지향적인 성향의 사람들은 이처럼 한 가지 종목에 자산의 100%를 넣는 방식이 맞지 않는다는 점입니다. 배가 난파해버리는 상상을 하는 겁니다. 그래서 우리는 6:4 포트폴리오를 알아볼 겁니다. 그리고 최근에도 채권을 섞었을 때 효과가 어땠는지 알아보겠습니다.

2008년 글로벌 금융위기

2008년도에는 글로벌 금융위기가 시작되었습니다. 미국에 부동산 위기가 덮친 겁니다. 〈빅쇼트〉라는 영화에 이때의 분위기가 잘 묘사되어 있죠. 당시 미국 주식은 최대 50%까지 떨어졌습니다. 아마존은 -65%, 애플은 -61%, 구글은 -55%를 기록했습니다. 1억 원을 이런 기업들에 투자했다면 5,000만 원을 넘게 잃었다는 이야기입니다. 저는 이런 손실이 싫습니다. 우리 가족들도 겪지 않았으면 합니다. 이 책을 읽는 독자분들도 마찬가지입니다. 이를 피하기 위해 6:4 포트폴리오를 만들어서 투자하면 하락장에서도 -20~-30% 수준으로 방어가 가능합니다. 최악은 면할 수 있다는 뜻이죠. 숫자로 비교해보겠습니다.

지표	100% 주식	6:4 포트폴리오
연평균 수익률(CAGR)	10.56%	8.70%
최대 낙폭(Max DD)	-50.89%	-30.72%

1억 원을 투자했다면?

구간	100% 주식	6:4 포트폴리오
위기 직전 잔고(2007)	1억 원	1억 원
2008년 연간 손실률	-37.04%	-20.20%
위기 저점 잔고	6,300만 원	8,000만 원
최대 손실 시 잔고	4,900만 원	6,930만 원

둘 다 버티기는 힘들지만 잔고에서 약 1,700만 원 차이가 납니다. 주식에 올인한 경우는 3,700만 원이 사라졌고, 6:4 포트폴리오에서는 2,000만 원

손실로 막았습니다.

6 : 4 포트폴리오를 한다면 다음 두 가지는 꼭 알았으면 합니다.

- **수익률**: 채권을 섞어도 장기간 연평균으로 비교해보면 1~2% 정도밖에 차

  이 나지 않는다.

- **손실률**: 한 가지 자산에만 투자한다면 하락장에서 절반 이상 떨어질 수 있다.

포트폴리오
테스트하기

포트폴리오 비주얼라이저에서 6:4 포트폴리오를 테스트해보세요. 여러분 손으로 직접 해보는 겁니다.

1. 연평균 수익률(CAGR) 확인하기

2. 최대 손실률(Maximum Draw Down) 확인하기

3. 매년 수익률(Annual Return)에서 최악일 때 몇 년을 버텨야 하는지 확인하기

안전한 채권을 더 넣으면 어떨까?
4:6 포트폴리오

6:4 포트폴리오를 테스트해봤다면, 이제 채권을 더 넣고 싶을 겁니다. 수많은 사람이 이런 흐름으로 생각하시더라고요. 채권 비중을 60%까지 높이면 계좌가 떨어질 때 충격은 더 흡수되는 반면, 연평균 수익도 줄어듭니다. 숫자로 확인해볼까요?

먼저 장기 성과부터 보겠습니다. 100% 주식의 연평균 수익률은 10.56%로 가장 높습니다. 하지만 최대 낙폭은 -50.89%에 달합니다. 하락장에서 크게 흔들리면 계좌의 절반이 사라질 수도 있다는 뜻입니다. 6:4 포트폴리오는 연평균 수익률이 8.70%로 낮아지지만, 최대 낙폭은 -30.72%로 크게 줄어듭니다.

여기서 채권 비중을 더 높인 4:6 포트폴리오는 연평균 수익률이 7.59%

지표	100% 주식	6:4 포트폴리오	4:6 포트폴리오
연평균 수익률	10.56%	8.70%	7.59%
최대 낙폭	-50.89%	-30.72%	-19.36%

1억 원을 투자했다면?

구간	100% 주식	6:4 포트폴리오	4:6 포트폴리오
위기 직전 잔고(2007)	1억 원	1억 원	1억 원
2008년 연간 손실률	-37.04%	-20.20%	-15.79%
위기 저점 잔고	6,300만 원	8,000만 원	8,400만 원
최대 손실 시 잔고	4,900만 원	6,930만 원	8,100만 원

까지 내려가는 대신, 최대 낙폭은 -19.36%로 다시 한번 크게 줄어듭니다. 즉, 채권 비중을 늘릴수록 수익률을 포기하는 만큼 계좌는 비교적 적게 흔들립니다. 이 차이는 위기 구간에서 더 극명하게 드러납니다. 금융위기 직전인 2007년, 동일하게 1억 원을 투자했다고 가정해보겠습니다.

2008년 한 해 동안 100% 주식 포트폴리오는 -37.04%의 손실을 기록했고, 6:4 포트폴리오는 -20.20%, 4:6 포트폴리오는 -15.79%의 손실로 방어했습니다. 위기 저점에서의 계좌 잔고를 보면 차이는 더 체감됩니다. 100% 주식은 6,300만 원까지 떨어졌고, 6:4 포트폴리오는 8,000만 원, 4:6 포트폴리오는 8,400만 원 선을 지켜냈습니다.

가장 극단적인 순간을 기준으로 보면, 최대 손실 시 잔고는 100% 주식이 4,900만 원, 6:4 포트폴리오가 6,930만 원, 4:6 포트폴리오는 8,100만 원이었습니다. 이 숫자들이 의미하는 바는 채권 비중을 높일수록 '버틸 수 있는 계좌'에 가까워진다는 뜻입니다.

여기서 채권을 더 넣었을 때 꼭 알았으면 하는 두 가지가 있습니다.

첫째, 같은 자산을 섞어도 비중에 따라 결과는 완전히 달라집니다. 주식과 채권을 함께 투자한다고 해서 모두 같은 성과를 내지는 않는다는 말입니다. 주식 60%와 채권 40%, 주식 40%와 채권 60%는 투자 성격이 완전히 다릅니다. 이 원리는 이후에 금, 리츠, 현금성 자산을 섞을 때도 그대로 적용됩니다. 포트폴리오의 핵심은 '무엇을 담느냐'보다 '얼마나 담느냐'에 있습니다.

둘째, 손실률은 숫자가 아니라 '느낌'의 문제입니다. 어떤 분에게는 연간 -20% 손실도 충분히 감당 가능한 수준일 수 있습니다. 반면, 어떤 분은 -15%만 되어도 밤잠을 설칠 수 있습니다. 여기에서 핵심은 '내가 얼마만큼의 손실까지 견딜 수 있느냐'를 아는 것입니다.

투자는 계산의 영역이면서 동시에 감정의 영역입니다. 수익률이 조금 낮더라도 끝까지 유지할 수 있는 포트폴리오가 중간에 포기하게 되는 고수익 포트폴리오보다 훨씬 좋은 결과를 만듭니다.

비주얼라이저 테스트하기

포트폴리오 비주얼라이저에서 4:6 포트폴리오를 직접 테스트해보세요.

1. 연평균 수익률 확인하기

2. 최대 손실률 확인하기

3. 매년 수익률에서 최악일 때 버텨야 하는 기간 확인하기

4. '나는 어디까지 떨어져도 괜찮을까?' 적어보기

어떤 국면에도 무너지지 않는 조합,
올웨더 포트폴리오

2008년도 금융위기를 통해서 주식과 채권의 소중함을 알아봤습니다. 이번에는 2000년 닷컴버블에 대해서도 알았으면 합니다. 닷컴버블이란 인터넷 주소에 '.com'이 붙은 회사의 주가가 천정부지로 올랐던 시기를 말합니다. 그러다가 주가가 하루아침에 거품처럼 톡 하고 터져버린 겁니다. 미국 주식이 전반적으로 -50%를 겪은 사건입니다.

문제는 주식과 채권을 6:4로 섞은 포트폴리오도 2000년에서 2002년까지 3년 연속 마이너스를 피하지 못했다는 점입니다. 고통스러운 기간이 길어지면 버티기가 쉽지 않습니다.

이 문제를 레이 달리오Ray Dalio라는 사람이 해결했습니다. 네 가지 경제 국면마다 버팀목이 되는 자산을 고르게 담아 올웨더All Weather 포트폴리오를 제안한 것입니다. 달리오는 안정적인 재테크에 관심을 갖고 있다면 한 번쯤 들어봤을 법한 이름입니다. 그는 1975년 브리지워터Bridgewater라는 회사를 창업해 운용 자산을 1,600억 달러(2010년 기준)로 세계 1위 규모까지 키운 전설적 투자자입니다. 또한, 경제 사계절(활황, 불황, 인플레이션, 디플레이션) 개념을 알렸으며,『원칙』이라는 책을 쓰기도 했습니다.

미국의 작가인 토니 로빈스Tony Robbins는『MONEY 머니』라는 책을 쓰면서 달리오를 인터뷰한 적이 있습니다. 그는 이때 이렇게 물었습니다. "개인 투자자가 투자할 때의 비중을 알려주세요. 당신처럼 기관 투자자가 하는 것 말고요." 그때 이야기한 포트폴리오가 '사계절 포트폴리오All Seasons'입니다. 보통 올웨더 포트폴리오(혹은 올시즌스)라고 불립니다. 이 정도면 설명이 충분하겠죠?

올웨더는 네 가지 자산에 다음과 같은 비중으로 투자합니다.

주식 30 % / 장기국채 40 % / 중기국채 15 % / 금 7.5% / 원자재 7.5 %

올웨더 포트폴리오를 숫자로 비교해보면 다음과 같습니다.

먼저 장기 성과부터 보면, 올웨더 포트폴리오의 연평균 수익률은 7.44% 입니다. 100% 주식(10.56%)이나 6:4 포트폴리오(8.70%)보다는 낮지만, 4:6 포트폴리오(7.59%)와는 비슷한 수준입니다. 대신 최대 낙폭은 -21.30%로, 100% 주식의 -50.89%에 비해 절반 이하이며, 6:4 포트폴리오(-30.72%)보다도 훨씬 안정적입니다. 수익률을 크게 욕심내지 않는 대신, 계좌가 무너지는 순간을 잘 막아주는 구조라는 뜻입니다.

지표	100% 주식	6:4 포트폴리오	4:6 포트폴리오	올웨더 포트폴리오
연평균 수익률	10.56%	8.70%	7.59%	7.44%
최대 낙폭	-50.89%	-30.72%	-19.36%	-21.30%

1억 원을 투자했다면?(닷컴버블 시기 2000~2002)

구간	100% 주식	6:4 포트폴리오	4:6 포트폴리오	올웨더 포트폴리오
위기 직전 잔고 (1999년 말)	1억 원	1억 원	1억 원	1억 원
누적 손실률 (2000~2002년)	-49%	-24%	-17%	-12%
위기 저점 잔고	5,100만 원	7,600만 원	8,300만 원	8,800만 원
최대 손실 시 잔고	4,700만 원	7,200만 원	8,100만 원	8,600만 원

※ 실제로는 올웨더 포트폴리오의 원자재 부분은 국내 ETF로 투자하기 어렵습니다. 선택지가 원유 ETF 혹은 현금뿐입니다. 위의 통계는 원자재 7.5% 부분을 현금(CASH)으로 대체해서 낸 통계입니다.

※ 포트폴리오 비주얼라이저에서 '원자재(Commodity)'를 넣으면 2007년부터 통계가 나온다는 단점이 있습니다. 아쉽지만 현금으로 대체해서 더 긴 기간의 통계도 확인하길 권장합니다. 둘 다 보고 판단해보라는 의미입니다.

이 차이는 닷컴버블 구간에서 더 뚜렷하게 드러납니다. 2000년에서 2002년까지 3년 연속 하락장이 이어졌을 때 1억 원을 투자했다고 가정해보면, 100% 주식은 누적 손실률이 -49%에 달해 계좌가 5,100만 원까지 줄어들었습니다. 반면 6:4 포트폴리오는 -24%, 4:6 포트폴리오는 -17%로 손실을 줄였고, 올웨더 포트폴리오는 -12%에 그쳤습니다. 위기 저점에서 남은 돈을 보면 그 차이가 더 분명합니다. 100% 주식은 5,100만 원, 6:4는

7,600만 원, 4:6은 8,300만 원, 올웨더는 8,800만 원 선을 지켜냈습니다. 가장 힘든 순간의 최대 손실 시 잔고 역시 올웨더 포트폴리오가 8,600만 원으로 가장 높았습니다.

올웨더 포트폴리오에서 알았으면 하는 세 가지가 있습니다.

- **구성의 중요성**: 다양한 자산을 넣으면 손실 폭이 줄어들고 수익률이 낮아지는 폭도 적습니다.
- **자산의 약점**: 채권은 만능이 아닙니다. 어떤 자산이든 늘 약점(손실) 구간이 있습니다.
- **경제의 사계절**: 경제에는 국면이 있다는 점입니다. 활황, 불황, 물가 상승(인플레이션), 물가 하락(디플레이션) 등입니다.

위 세 가지 사실만 알아도 경제 뉴스에 대해서 스스로 판단이 가능해집니다. 예를 들어, "미국 주식만 사는 건 어떤 리스크가 있을까요?", "채권이라면 무조건 안전할까요?"와 같은 이야기입니다. 유튜브에서 들은 좋은 말만 믿고 무작정 투자하면 안 되겠죠.

올웨더 포트폴리오를 국내 상장 ETF로 투자하려다 보면, 원자재에는 투자가 어렵다는 사실을 알게 됩니다. 원자재가 포트폴리오에 들어간 이유만 봐도 물가 상승 시기에 대비하기 위함입니다. 이런 목적에서 두 가지 방안이 있습니다.

원자재를 현금 또는 원유로 대체하는 방향입니다. 현금으로 대체하는 방식은 비주얼라이저에서 CASH로 놓고 통계를 내볼 수 있다는 장점이 있습니다. 다만, 물가 상승 시기를 완벽히 대비하는 목적은 아니라는 느낌이 들 겁니다. 물가가 상승할 때 같이 올라줄 수가 없거든요. 대신 원유 ETF로 투자하면 물가 상승 시기에 함께 상승한다는 걸 알 수 있습니다. 다만, 원자재 전체에 투자하는 것보다 원자재 일부인 원유에 투자하기 때문에 변동성(리스크)은 커질 수 있습니다.

올웨더 포트폴리오 통계 내보기

포트폴리오 비주얼라이저에서 4:6 포트폴리오를 직접 테스트해보세요.

1. 연평균 수익률 확인하기

2. 최대 손실률 확인하기

3. 매년 수익률에서 최악일 때 버텨야 하는 기간 확인하기

4. 주식 100%, 6:4 포트폴리오, 4:6 포트폴리오, 올웨더 포트폴리오 중에서 어떤 포트폴리오가 나에게 가장 적합할까요? 그 이유는 무엇인가요?

위기에도 살아남는
영구 포트폴리오

올웨더 포트폴리오도 완벽하진 않습니다. 기억하시죠? 2022년, 코로나 이후 물가 상승과 급격한 금리 상승이 겹치면서 올웨더의 최대 손실률이 약 −17%까지 내려갔습니다. 이럴 때 알아야 하는 포트폴리오가 영구 포트폴리오입니다. 여기서 영구란 '영구적인Permanent'을 뜻합니다.

이 포트폴리오는 미국의 투자자인 해리 브라운Harry Browne이 1970년대 고물가 시대에 처음 제안했습니다. 1970년대 후반부터 1980년대 초반까지는 2020년대 초반과 비슷한 고물가 시기였습니다. 지금 러시아 우크라이나 전쟁이 발발한 것처럼 당시에도 중동 전쟁, 즉 석유 파동이 있었습니다. 2022년 고금리 시기에 영구 포트폴리오는 최대 손실률을 −12%로 방어했습니다(올웨더 포트폴리오 −17%, Worst Year 기준).

영구 포트폴리오는 다음의 네 가지 자산을 25%씩 구성합니다. 간단하죠?

주식 25 % / 채권 25 % / 금 25 % / 현금 25 %

왜 영구 포트폴리오를 이야기할까요? 올웨더 포트폴리오는 채권 비중이 큰 반면, 영구 포트폴리오에는 현금이 꽤 포함되어 있습니다. 경험상 안전 지향적인 투자자는 '현금'이 포함되어 있으면 대부분 심리적인 안정감을 느낍니다. 또한, 실제로 관리하기가 어렵지 않습니다. 예를 들어, 100만 원을 투자할 때, 금을 7.5%의 비중으로 가져간다면 7만 5,000원 어치를 구매해야 합니다. 여러 자산을 레시피대로 계산하기가 쉽지 않습니다. 하지만 비중이 동일하다면 관리하기가 비교적 간단합니다.

숫자로 비교해보겠습니다. 먼저 장기 성과를 보면, 영구 포트폴리오의 연평균 수익률은 8.08%입니다. 100% 주식(10.56%)보다는 낮지만, 4:6 포트폴리오(7.59%)나 올웨더 포트폴리오(7.44%)보다는 높습니다. 수익을 완전

지표	100% 주식	6:4 포트폴리오	4:6 포트폴리오	올웨더 포트폴리오	영구 포트폴리오
연평균 수익률	10.56%	8.70%	7.59%	7.44%	8.08%
최대 낙폭	−50.89%	−30.72%	−19.36%	−21.30%	−15.58%

1억 원을 투자했다면?(닷컴버블 시기 2000~2002)

구간	100% 주식	6:4 포트폴리오	4:6 포트폴리오	올웨더 포트폴리오	영구 포트폴리오
누적 손실률 (2000~2002)	−49%	−24%	−12%	−10%	−12%
위기 저점 잔고	5,100만 원	7,600만 원	8,800만 원	9,000만 원	8,800만 원
최대 손실 시 잔고	4,900만 원	7,040만 원	8,100만 원	8,700만 원	8,440만 원

히 포기한 전략이 아니라 안정성과 수익의 균형을 잡은 구조라는 뜻입니다.

위험 지표를 보면 차이가 더 분명합니다. 최대 낙폭은 약 -15.6%로, 비교 대상 중 가장 낮은 수준입니다. 100% 주식의 -50.9%, 6:4 포트폴리오의 -30.7%와 비교하면, 영구 포트폴리오는 계좌가 크게 흔들릴 가능성을 구조적으로 막아줍니다.

닷컴버블 구간(2000~2002년)을 가정해 1억 원을 투자했을 때도 결과는 안정적입니다. 100% 주식은 누적 손실률이 -49%로 계좌가 5,000만 원 수준까지 내려갔지만, 영구 포트폴리오는 -12%에 그쳤습니다. 위기 저점에서 남은 잔고는 8,800만 원으로, 올웨더 포트폴리오보다도 높은 수준을 유지했습니다.

영구 포트폴리오에서 알았으면 하는 세 가지는 다음과 같습니다.

- **방법은 있다**: 고금리 시기를 현명하게 돌파하고 싶다면 금과 현금을 더 보유하는 포트폴리오를 구성하면 됩니다. 물론 예측은 어렵겠지만 말입니다.
- **심리적인 문제**: 현금을 보유하고 있다는 안정감이 있습니다. 전업 투자자 분들이 일정 수준의 현금을 보유하라고 말하는 이유를 이해할 수 있을 겁니다.
- **관리하기 편하다는 장점**: 아무리 뛰어난 다이어트 식품이라도 먹기가 어렵다면 선뜻 손이 가지 않습니다. 주식 투자도 마찬가지입니다. 관리가 편해야 직접 실행할 때 크게 영향을 미칩니다.

영구 포트폴리오
수익률 확인하기

1. 영구 포트폴리오의 통계를 내보세요.

① 연평균 수익률 확인하기

② 최대 손실률 확인하기

③ 매년 수익률에서 최악일 때 버텨야 하는 기간 확인하기

2. 영구 포트폴리오의 비중을 조정해서 2026년의 수익률을 판단해봅니다.

① 현금 비중 높이기

② 금 비중 높이기

③ 주식 비중 높이기

④ 채권 비중 높이기

미국 올인은 왜 문제가 될까, 예일대 포트폴리오

"시장의 '한쪽 다리'에만 체중을 싣지 마라. 미국이 쉬어갈 때 움직일 다른 다리를 미리 찾아라." – 데이비드 스웬슨David Swensen

코로나19 팬데믹 이후 미국 빅테크가 질주하면서 미국 주식 ETF에 몰빵하는 사례가 크게 늘었습니다. 하지만 달러 약세 전환, 글로벌 디커플링, 지정학 리스크처럼 '미국 올인' 계좌가 흔들릴 변수도 생기고 있습니다.

이 문제는 완벽하게 해결하긴 어렵지만, 참고해볼 만한 포트폴리오는 있습니다. 데이비드 스웬슨의 예일대학교 포트폴리오입니다. 스웬슨은 46년간 연평균 10% 수익을 유지한 것으로 유명합니다. 이때 미국 올인 리스크를 줄이기 위해 자산을 '미국 내·외·대체자산'으로 삼분할했습니다.

예일대학교 포트폴리오의 자산 분배는 다음과 같습니다.

미국 주식 30 % / 해외 선진국 주식 15 % / 신흥국 주식 5 % / 채권 15 % / 리츠 20 % / 원자재 15 %

숫자로 한번 비교해보겠습니다. 벌써 배운 포트폴리오가 많아졌죠?

지표	100% 주식	6:4 포트폴리오	4:6 포트폴리오	올웨더 포트폴리오	영구 포트폴리오	예일대 포트폴리오
연평균 수익률	10.56%	8.70%	7.59%	7.44%	8.08%	7.30 %
최대 낙폭	-50.89%	-30.72%	-19.36%	-21.30%	-15.58%	-40.59 %

예일대 포트폴리오는 통계적으로 별로 장점이 없습니다. 미국 주식, 해외 선진국 주식, 신흥국 주식으로 나눴지만, 결국은 주식 50%에 투자하는 포트폴리오입니다. 그러다 보니 약간 애매한 포지션이 되었습니다. 최대 손실률도 -40%로 꽤 큽니다.

다만, 수치에는 포함되지 않은 장점이 있습니다. 2002년도 닷컴버블의 후폭풍이 끝난 후, 예일대 포트폴리오는 수익률 26%를 기록했습니다. 2008년 금융위기 이후에도 수익률 22.38%로 높은 수치를 나타냈습니다. 2019년 트럼프의 관세 위기 이후에도 22%의 수익률을 거뒀습니다. 위기 이후에 회복 속도가 빠르다는 것이 강점이죠.

예일대 포트폴리오에서 알았으면 하는 세 가지는 다음과 같습니다.

- 미국 자체는 불안하지 않지만, 미국의 자산은 손실을 볼 수 있다.

- **다양한 자산**: 물가에 연동한 채권, 부동산에 투자하는 리츠가 있다.

- 얻는 것이 있으면 포기하는 것이 있다.

예일대 포트폴리오 통계 내보기

예일대 포트폴리오의 통계를 내보세요.

1. 연평균 수익률 확인하기

2. 최대 손실률 확인하기

3. 매년 수익률에서 최악일 때 버텨야 하는 기간 확인하기

4. 통계를 보고 느낀 점[나와 적합한가]

실전! 내 포트폴리오에 담을 ETF 고르기

이제 궁금한 점은 "그래서 이 포트폴리오를 내 계좌에 어떻게 넣어요?"일 겁니다. 잘 맞추지 않았나요? 저는 이 책을 읽는 여러분이 전업 투자자, 투자를 한 지 꽤 오래된 고수가 아니라는 걸 가정했습니다. 계좌가 0원이었던 제 동생을 떠올리고 말입니다. 투자를 처음 해볼 테니 큰 금액은 넣지 않을 겁니다. 여기서 큰돈의 기준은 1억 원입니다. 즉, ISA 계좌에 넣을 수 있는 금액이 기준입니다(현재는 연 2,000만 원이고, 정책이 바뀌면 2억 원까지 오를 가능성도 있습니다).

포트폴리오를 구성할 때는 미국 시장에 상장한 미국 ETF가 포함됩니다. 그러면 통계를 낸 것과 더 유사하게 만들 수 있습니다. 문제가 있습니다. 첫 번째는 미국 ETF는 ISA 계좌에서 구매할 수 없다는 겁니다. 세금을 내야 한다는 뜻이죠. 앞서 이야기했듯, 초보라면 세금과 수수료 같은 고정 비용을 먼저 줄여야 합니다. 연금 계좌도 마찬가지입니다. 따라서 미국 주식 역시 국내 시장에 상장한 국내 ETF로 투자해줘야 합니다.

그럼 국내 ETF로 앞서 설명한 레시피들을 따라 해보겠습니다. 여러분의 편의를 위해 책에 각 ETF를 비교해두겠습니다. 한 가지 주의사항이 있습니다. ETF의 지표들은 시기에 따라 상품이 달라집니다. 이 책을 쓰고 있는 시점(2025년)과 여러분이 책을 읽는 시점의 지표는 달라질 것입니다. 때문에 반드시 이곳에 소개한 상품도 여러분이 하나씩 다시 검색해서 상품 구성과 실비용률 등을 직접 확인해야 합니다.

또, 각 항목마다 대표적인 ETF만 가져왔습니다. 보통 하나의 섹터에는 최소 열 가지 이상의 ETF들이 있습니다. 나중에 한번 검색해서 비교해보세요. 저는 초보자들 입장에서는 아주 자세하게 따지기보다는 일단 경험해보는 게 더 좋다고 생각합니다.

S&P500 vs 나스닥100,
내 성향에 맞는 미국 주식 ETF는?

ETF명	종목코드	시가총액(억 원)	실비용률(%)
TIGER 미국S&P500	360750	73,005	0.13
KODEX 미국S&P500	379800	39,215	0.19
ACE 미국S&P500	360200	18,466	0.18
KODEX 미국S&P500(H)	449180	6,479	0.29
TIGER 미국S&P500TR(H)	448290	3,670	0.23
KODEX 미국S&P500선물(H)	219480	1,453	0.17
TIGER 미국S&P500선물(H)	143850	1,301	0.39
SOL 미국S&P500	433330	1,297	0.21

가장 무난한 것은 S&P500입니다. 미국의 대표 주식 500개에 투자하는 상품입니다. ETF를 처음 보실 수 있으니 이 리스트를 기준으로 몇 가지만 설명하겠습니다.

ETF의 명칭은 '자산운용사＋투자하는 곳＋운용하는 방식'으로 표기됩니다. 예를 들어, 'TIGER 미국S&P500 선물(H)'라고 하면, TIGER라는 자산운용사가 미국의 S&P500에 투자하고, 선물(H)와 같은 방식으로 운용한다는 뜻입니다.

종목코드는 ETF의 긴 이름이 헷갈릴 때 증권사 검색창에 이름 대신 입력하는 숫자입니다. 'TIGER 미국S&P500' 대신 360750이라고 입력하면 된다는 말입니다.

시가총액은 일정 수준 이상만 되면 큰 의미가 없습니다. 너무 작으면 투자할 때 불리할 수 있습니다. 내가 ETF를 1주 매수하려고 하는데, 파는 사람이 없을 수 있다는 뜻입니다. 다만, ETF는 자산운용사에서 거래하기 편하도록 일정 부분 유동성을 공급해줍니다. 사고파는 역할을 대신 맡아주는 겁니다. 그래서 앞의 표에 나오는 정도의 시가총액이면 무난하게 거래가 가능합니다.

실비용은 우리가 투자할 때 내야 하는 제반비용입니다. 따로 지불하지 않고 수익률에 포함되어 있습니다. 예를 들어, 똑같이 S&P500에 투자하더라도, 실비용이 크면 1년 수익률이 낮아지고, 실비용이 작으면 1년 수익률이 높아집니다. 물론, 수익률에는 비용뿐만 아니라 다른 것도 영향을 줍니다. 수익률에 녹아져 있다고만 이해하겠습니다. 결론적으로, 실비용이 낮은 ETF를 고르는 게 좋겠죠?

ETF 뒤에 붙은 '선물'은 크게 신경 쓰지 않아도 됩니다. ETF를 현물로 구성했는지, 선물로 구성했는지는 별 차이가 없습니다. 일반적으로 선물 투자는 위험하지만 ETF를 구성할 때는 오히려 조금 유리한 걸로 알려져 있습니다. 수수료만 비교해봐도, 같은 상품이라면 선물이 약간 더 저렴합니다.

(H)는 Hedge의 약자입니다. 막아준다는 뜻이죠. (H)가 붙으면 환율이 떨어지는 걸 막아줍니다. 반대로, 일반적인 상품들은 원달러 환율이 오르면, 주가가 오르지 않았더라도 ETF의 가격이 상승합니다.

추가로 두 가지만 더 이야기하겠습니다. 최근 금융권에서 수수료 경쟁이 치열해졌습니다. 책에 쓴 ETF가 하루만 지나도 수수료가 낮아졌을 수 있으므로 직접 검색해봐야 합니다. 두 번째로, ETF의 비용과 증권사 매매 수수료는 별개입니다. ETF를 아주 싸게 골랐다고 해도 증권사를 대충 고르면 매매 비용을 많이 지불할 수 있습니다.

앞의 포트폴리오 설명에서 '미국 주식'으로 통계를 냈다면 S&P500에 가깝습니다. 그런데 여기서 더 큰 수익률과 위험을 감당하겠다면? 나스닥100을 골라볼 수 있습니다. 이름에서 느낌이 올 겁니다. 미국의 100가지 종목에 투자하는 ETF입니다.

저는 안전 지향적인 투자를 선호합니다. 그래서 S&P500을 더 좋아하지만, 책을 읽는 독자 분들의 성향은 다를 겁니다. 본인의 입맛에 맞게 골라주세요. 똑같이 라면을 먹더라도 어떤 사람은 진라면 순한맛을, 어떤 사람은 불닭볶음면을 고를 겁니다. 취향 차이입니다. 극단적인 숫자로 말씀드리면, 닷컴버블 당시 S&P500은 최대 손실이 −50% 수준이었지만, 나스닥100의 경우 최대 손실이 −80% 수준이었습니다.

ETF명	종목코드	시가총액(억 원)	실비용률(%)
TIGER 미국나스닥100	133690	42,969	0.15
KODEX 미국나스닥100	379810	21,607	0.19
ACE 미국나스닥100	367380	13,266	0.19
KODEX 미국나스닥100(H)	449190	3,520	0.25
TIGER 미국나스닥TR(H)	448300	2,315	0.29
KODEX 미국나스닥100선물(H)	304940	1,063	0.19
KIWOOM 미국나스닥100(H)	453080	578	0.50
SOL 미국나스닥100	476030	394	0.58

TIP

환헤지(H) ETF가 뭐예요?

ETF를 고를 때 이름에 (H)가 붙은 상품을 볼 수 있는데, 이는 환헤지(hedge) 여부를 뜻합니다. 환율 변동 위험을 줄이는 장치라고 보면 됩니다. 이론적으로는 원·달러 환율이 내려갈 것 같다면 (H) 상품을, 올라갈 것 같다면 (H)가 없는 상품을 고르는 게 맞습니다. 다만 환율 예측은 매우 어렵습니다. 국가 간의 화폐 가치를 비교해야 하니까요. 또 (H)가 붙으면 총보수 외에 헤지 비용이 추가로 발생할 수 있습니다. 예를 들어 미국 금리가 5%, 한국 금리가 3%라면 대략 2% 안팎의 비용이 생길 수 있습니다. 환헤지는 환율이 떨어질 때를 대비해 '보험료를 내는 것'과 비슷합니다. 장점은 포트폴리오 통계를 낸 그대로 투자 효과를 가져가기 쉽다는 점입니다. 미국인이 미국에서 포트폴리오를 만들면 환율에 영향을 받지 않으니까요. 결국 환율 하락이 더 부담스러운지, 확정 비용이 더 싫은지에 따라 개인의 선호대로 선택하셔도 무방합니다.

내 포트폴리오
미국 주식 ETF 결정하기

Q. 여러분 포트폴리오의 미국 주식 ETF는
5&P500인가요? 나스닥100인가요?

포트폴리오의 든든한 한 축,
미국 채권형 ETF

【 미국 장기채 ETF 】

ETF명	종목코드	시가총액(억 원)	실비용률(%)
ACE 미국30년국채액티브(H)	453850	20,138	0.15
KODEX 미국30년국채액티브(H)	484790	4,342	0.12
TIGER 미국30년국채스트립액티브(합성 H)	458250	7,145	0.23
KODEX 미국30년국채울트라선물(H)	304660	2,848	0.42
SOL 미국30년국채액티브(H)	461600	457	0.11

영구 포트폴리오의 채권 부분에 들어갈 미국채입니다. 여기서 SOL 미국
30년국채액티브(H) 상품은 시가총액이 적어 권장하고 싶지 않습니다. 다

만, 시가총액은 시간이 지나면 불어날 수 있으므로 여러분이 투자하는 시점에 직접 확인해보세요.

채권은 '액티브'라는 단어가 붙은 상품이 주입니다. 금리 전망이나 시장 상황에 따라 펀드매니저가 조정할 수 있기 때문입니다. 능동적으로 투자해주는 거죠. 주식형 ETF에 액티브가 붙으면 수수료가 커지고, 불확실해집니다. 하지만 채권형 ETF는 액티브가 붙은 상품이 좀 더 유리한 경우가 많습니다(선택지가 별로 없기도 하고요).

【 미국 중기채 ETF 】

ETF명	종목코드	시가총액(억 원)	실비용률(%)
TIGER 미국채10년선물	305080	1,584	0.39
KODEX 미국10년국채선물	308620	778	0.19

올웨더 포트폴리오의 15%를 담당하는 중기채 ETF입니다. 미국 중기채 ETF는 두 종류입니다. ETN(거래소에 상장된 채권)도 있지만, 규모가 작아서 제외했습니다. 이 상품들은 아쉽게도 (H)가 표시된 상품이 없습니다.

미국 채권형 ETF
비용 계산하기

Q. 미국 채권형 ETF 하나를 고르고, 실비용을 한번 따져보세요

[책을 쓴 시점과 여러분이 검색하는 시점 사이에 수수료 차이가 발생했을 겁니다.]

노는 돈을 없애는
현금 대안, 단기채 ETF

ETF명	종목코드	시가총액(억 원)	실비용률(%)
KODEX 단기채권PLUS	214980	15,356	0.1703
TIGER 단기채권액티브	272580	5,088	0.0959
PLUS 단기채권액티브	278620	460	0.1029
RISE 단기채권알파액티브	385550	1,547	0.0793
SOL 초단기채권액티브	469830	6,809	0.0746

포트폴리오에서 현금이라고 하면, 그냥 통장에 넣은 돈을 말합니다. 여기서 현금 부분을 조~금 더 굴려주면 수익률을 약간 올려줄 수 있겠죠? 이럴

때는 단기채권 ETF로 구성해주는 걸 권장합니다. CMA나 MMF 같은 상품들은 포트폴리오 계좌에 같이 들어가지 않기 때문에 관리가 어렵습니다. 저라면 영구 포트폴리오 같은 현금성 자산이 포함된 포트폴리오를 구성할 때 단기채권을 포함시킬 겁니다.

단기채권은 시가총액이 수백 억 원에서 1조 원 이상으로 비교적 크고, 실비용률이 연 0.07~0.17% 수준으로 매우 낮습니다. 즉, 거래가 원활하고 관리 비용 부담도 거의 없다는 뜻입니다. KODEX, TIGER, RISE, PLUS처럼 대형 운용사의 상품들이라 안정성도 보장됩니다. 이런 단기채 ETF들은 예금처럼 큰 수익을 기대하긴 어렵지만, 통장에 현금으로 두는 것보다는 조금이라도 더 굴리면서도 변동성은 매우 낮게 관리할 수 있는 좋은 선택지입니다. 그래서 포트폴리오에서 '현금' 역할을 맡기기에 적합합니다.

내 단기채권 ETF 고르기

Q. 단기채권 ETF 중 어떤 걸로 현금성 자산을 고르면 좋을까요?

금 투자는
금 ETF로 시작하세요

ETF명	종목코드	시가총액(억 원)	실비용률(%)
ACE KRX금현물	411060	13,045	0.89
KODEX 골드선물 (H)	132030	2,811	0.80
TIGER 골드선물 (H)	319640	1,315	0.47

포트폴리오에는 거의 대부분 '금'이 들어가 있습니다. 금 투자는 ETF 말고도 은행의 금 통장, 골드바 보유, KRX 금 거래소 투자 등 꽤 다양한 선택지가 있습니다. 다만, 포트폴리오 계좌를 처음 꾸릴 땐 ETF로 먼저 시작해보길 권장합니다. ETF가 KRX에 비해서 조금 손해일 수 있어도 두 가지 장

점이 있습니다.

① 다른 금 투자 방법은 국제 금 시세를 따라갑니다.

따라서 환율에 영향을 많이 받습니다. 우리가 포트폴리오 통계를 낸 것은 환율에 영향을 받지 않는 수치입니다. ETF는 (H) 표시가 들어간 걸로 투자하면 환율 변동을 최대한 막을 수 있습니다.

② 한 가지 포트폴리오로 투자할 때 통장을 여러 개로 나누면 뭐가 잘못되었는지 판단하기가 어렵습니다.

가능하면 일반 통장, ISA, 연금 계좌 중 하나에 한 가지씩 포트폴리오를 구성했으면 합니다. 추후에 관리가 편해지면, KRX 금 거래소를 이용하길 권장합니다.

추가로 ISA 혹은 연금 계좌에 선물 ETF가 들어가지 않는다면 현물 ETF를 따로 넣을 수밖에 없습니다.

금 ETF 판단하기

Q. 여러분이 생각한 포트폴리오에 금이 들어가 있나요?

Q. 금 투자를 한다면 어떤 걸로 해볼 생각인가요?

적은 돈으로 부동산에 투자하는 법, 부동산 리츠 ETF

ETF명	종목코드	시가총액(억 원)	실비용률(%)
KODEX 미국부동산리츠(H)	352560	322	0.3325
ACE 미국부동산리츠(합성H)	181480	96	0.4306
PLUS K리츠	429740	88	0.3562

리츠는 부동산에 투자하는 걸 뜻합니다. 예를 들어, 1,000억 원짜리 큰 건물에 ETF 방식으로 투자하고, 그 건물에서 나오는 임대료를 투자자들에게 분배하는 방식입니다. 가끔 1,000억 원짜리 건물이 2,000억 원으로 올라 매매 차익도 분배하는 경우가 있습니다. 물론 리스크도 있습니다. 내가 투자한

건물에 공실이 많은 겁니다. 안전 지향적인 우리는 리츠에 투자하더라도 여러 리츠를 묶어서 투자하는 리츠 ETF에 투자해야 합니다. 즉, 분산 투자죠.

리스트는 세 가지를 가져왔습니다. 미국 부동산에 투자하는 리츠 두 가지, 우리나라 리츠에 분산 투자하는 ETF 한 가지(PLUS K리츠)입니다. 안타깝게도 리츠는 활성화된 지 얼마 되지 않아 시가총액이 낮고 수수료가 큽니다. 책을 쓰고 있는 현재 상황에서는 KODEX 미국부동산리츠(H) 하나만 남을 겁니다. 여러분이 읽는 시점에는 또 달라질 수 있으므로 꼭 검색해보세요. 저도 신상 리츠 ETF가 생기면 유튜브에 리뷰하겠습니다.

포트폴리오의 보조 장치,
물가연동채 ETF

ETF명	종목코드	시가총액(억 원)	실비용률(%)
KIWOOM 물가채 KIS	430500	118	0.2007

포트폴리오에 가끔 '물가연동채'라는 종목이 들어 있는 경우가 있습니다. 물가가 오르면 수익률이 좋아지는 ETF입니다. 국내 물가연동채 ETF는 현재 딱 한 가지뿐이고, 시가총액은 약 118억 원으로 크지 않습니다. 거래가 아주 활발하다고 보긴 어렵기 때문에 비중을 크게 가져가거나 자주 사고파는 용도로는 적합하지 않습니다. 또, 실비용률이 약 0.2% 수준으로 단기채나 일반 채권 ETF보다 높은 편이라는 점도 감안해야 합니다.

그럼에도 수익률은 6.7%를 기록하고 있습니다(2025년 4월 기준). 물가가 높았던 시점에 투자했다면 나쁘지 않았겠죠. 다만 이 상품의 역할은 수익률 경쟁이 아닙니다. 물가가 높게 유지되는 구간에서 포트폴리오 전체의 구매력을 보완해주는 보조 장치에 가깝습니다. 따라서 물가연동채는 어디까지나 포트폴리오의 일부로만, 조심스럽게 활용해야 하는 자산입니다.

신흥국 주식은
우리나라 주식형 ETF로

다음은 신흥국 주식입니다. 신흥국은 정말 다양하고 선택지도 많지만 국내 ETF는 딱 하나가 있습니다.

【 신흥국 ETF 】

ETF명	종목코드	시가총액(억 원)	실비용률(%)
PLUS 신흥국MSCI(합성H)	195980	630	0.5801

여러분이 봐도 아쉬운 점이 있죠? 실비용률이 크고 시가총액도 적습니다. 그래서 포트폴리오의 신흥국 부분은 우리나라의 주식형 ETF로 넣는 걸 권장하고 싶습니다. 실비용률을 보면 적어진 것을 확인할 수 있습니다.

【 우리나라의 주식형 ETF 】

ETF명	종목코드	시가총액(억 원)	실비용률(%)
KODEX 200	069500	60,241	0.19
TIGER 200	102110	23,154	0.09
KODEX 200TR	278530	22,981	0.12
RISE 200	148020	11,708	0.05
KIWOOM 200TR	294400	7,493	0.07

우리나라도 MSCI 신흥국 지수에 포함되어 있습니다. 신흥국 지수에는 우리나라, 인도, 대만과 같은 국가들이 들어가 있습니다. 즉, 신흥국 ETF는 비싼 대신 분산 투자가 된다는 장점이 있습니다. 반대로 우리나라 주식형 ETF(리스트에서는 코스피200)에 투자하면 집중 투자로 리스크가 커지지만, 수수료가 확정적으로 작아진다는 점이 좋습니다. 이 정도는 취향 차이입니다.

여기까지 실제로 투자할 만한 ETF를 골라봤습니다. 마지막으로 정리를 하겠습니다.

계좌에 옮겨야
포트폴리오가 완성된다

이제 포트폴리오의 개념도 알았고, 어떤 자산과 ETF를 고를지도 정했습니다. 남은 건 딱 하나, 이걸 실제 계좌에 어떻게 옮기느냐입니다. 이 단계에서 많은 분이 어려워합니다. "언제 사야 하지?", "한 번에 넣어도 될까?", "팔 때는 어떻게 하지?" 같은 질문들이 동시에 떠오르기 때문입니다. 복잡하게 생각할 필요는 없습니다. 포트폴리오 투자는 순서만 잡아두면, 나머지는 거의 자동으로 흘러갑니다. 다음과 같은 순서대로 실행하면 됩니다.

① 포트폴리오 레시피 고르기 (직접 통계 내보기)

② 해당 포트폴리오 자산에 맞는 ETF 고르기 (ETF끼리 비교하기)

③ 계좌에 넣기

제 동생에게는 영구 포트폴리오나 올웨더 포트폴리오를 하라고 권장했을 겁니다. 접근하기 쉬우면서 여러 자산을 경험해볼 수 있기 때문입니다. 여기까지 정했다면 지금부터는 저에게 자주 묻는 질문 위주로 설명하겠습니다.

질문 1. 적립식으로 넣어요? 한꺼번에 넣어요?

포트폴리오 비주얼라이저에서 통계를 낼 때, 한꺼번에 넣는 것과 다달이 적립식으로 넣는 것 둘 다로 통계를 내보세요(Contribute Fixed Amount 부분). 결과를 보고 스스로 결정하면 됩니다. 다만 예·적금만 했던 사람이라면 처음에는 매달 넣어보길 권장합니다. 투자를 시작할 때는 손실이 익숙하지 않고, 큰돈을 넣고 잃었을 때와 작은 돈을 넣고 잃었을 때의 느낌이 확연히 다릅니다. 통계로는 1~2년만 기다리면 회복된다는 걸 알지만, 버티기가 쉽지 않을 수 있습니다.

질문 2. 언제 사요? 지금 경제 상황이 이런데, 사도 되나요?

포트폴리오 구성 상품은 언제 사도 무방합니다. 여러 자산이 골고루 섞여 있기 때문에 지금 당장은 약간의 차이가 있겠지만, 장기적으로 보면 큰 차이가 없습니다. 오늘 살지, 내일 살지를 고민하지 말고, '어떤 포트폴리오 레시피로 할지', '어떤 ETF로 골라야 할지?'를 더 신경 쓰는 게 좋습니다.

질문 3. 언제 팔아요?

포트폴리오는 리밸런싱을 합니다. 다시 밸런스를 맞춰준다는 뜻입니다.

비주얼라이저의 통계 부분에서 Rebalancing이라고 되어 있습니다. 리밸런싱이 잦으면 매매에 따른 수수료가 많이 듭니다. 이는 포트폴리오의 수익률을 확정적으로 낮춥니다. 게다가 우리는 전문 투자자가 아니기 때문에 자주 매수 및 매도를 한다고 해도 수익률이 나아진다는 보장이 없습니다. 따라서 1년에 한 번씩만 리밸런싱을 하길 권장합니다(그렇다면 Annually로 넣어야겠죠?).

예를 들어, 여러분이 영구 포트폴리오로 1,000만 원을 넣고, 주식 250만 원, 채권 250만 원, 금 250만 원, 현금 250만 원으로 자산을 분배했다고 가정해봅시다. 1년이 지나 리밸런싱할 시기에 계좌를 다시 열어보았습니다. 상승한 자산과 하락한 자산이 있습니다. 주식은 200만 원, 채권과 현금은 그대로 250만 원, 금은 400만 원이 되었습니다. 총 1,100만 원으로 수익률은 10%입니다. 그러면 이 1,100만 원을 다시 25%로 나누어줍니다(혹은 상황에 따라 채권이 많은 올웨더 포트폴리오로 옮기는 등 다른 포트폴리오로 변경해줍니다). 이렇게 각 자산별로 275만 원을 매수합니다.

여기서 주의할 점이 하나 있습니다. 여러분이 자산을 일반 계좌에서 굴려 수익이 날 수도 있습니다. 연금(또는 ISA) 계좌가 아닌 거죠. 이럴 때는 전액 매수와 매도를 하면 세금 문제가 생길 수 있습니다. 수익금이 2,000만 원 이상이라면 증권사에 방문해 절세 상담을 받아보는 게 좋습니다.

질문 4. 끝전이 안맞아요(10주를 매수해야 하는데 9주밖에 못 사요.)

ETF도 1주의 가격이 정해져 있기 때문에 끝전 맞추기가 힘듭니다. 이런 경우는 어쩔 수 없습니다. 다음 달에 매수할 금액과 합쳐서 매수하거나, 남은 자투리 금액은 CMA 통장에 보관합니다.

포트폴리오 투자는 특별한 타이밍 감각이나 뛰어난 예측 능력을 요구하지 않습니다. 대신 '정해진 원칙을 얼마나 오래 지키느냐?'가 좋은 결과를 만듭니다. 완벽하게 맞추지 않아도 괜찮습니다. 끝전이 남아도 되고, 한 달 정도 타이밍이 어긋나도 큰 문제는 없습니다. 중요한 것은 '계좌에 넣고, 유지하고, 다시 균형을 맞추는 일'입니다. 이걸 반복할 수 있다면, 이미 투자자의 기본은 갖춘 셈입니다.

챌린지를 마친
우리의 최종 모습

여기까지 고생하셨습니다. 사실 이 책에 담긴 지식 자체가 중요하지는 않습니다. 어차피 인터넷에서 검색하면 다 나올 만한 정보들입니다. 이 책에서 얻어 가셨으면 하는 것은 '지식의 순서', '실제 행동으로 옮기기(챌린지)', '동생(가족)이라면?'입니다. 이 세 가지를 얻지 못하셨다면 처음부터 다시 읽으며 복습해보시는 게 어떨까 조심스레 권장합니다.

저는 제 동생이 최종적으로 이런 모습이었으면 합니다.

항목명	금융 상품	금액 (원)	비고 – 실천 아이디어
월급(세후)		3,000,000	소득 늘리기 3단계 ① 연봉 인상 협상 준비: 연말 평가 전 KPI·성과 포트폴리오 정리 ② '1스킬+1부업': ChatGPT·엑셀·영상편집 등 실무 스킬 업 & 주말 강의·프리랜스 시도 ③ '8시 전/8시 후' 시간 쪼개기: 회사 앞 30분 PT·온라인 튜터링으로 월 +20만 원 → 투자금 증액
생활비	급여 통장 (시중은행)	1,200,000	지출 다이어트 팁 • 구독 서비스 3개 → 1개로(월 −2만 원) • 점심 '외식 3회 → 2회', 도시락 병행 (월 −8만 원) • 통신·보험 리모델링: 가족 결합·운전자 특약 삭제(월 −3만 원) • 네이버페이·토스페이 5% 적립일 집중 사용
비상금 적립	KODEX 단기채권 PLUS & CMA	300,000	생활비 × 6개월(720만 원) 목표 → 달성 후 '초과액 자동이체' OFF
ISA 중개형 * 영구 포트폴리오		900,000	비과세 200만 원 소진 시 초과분은 TR ETF로 9.9 % 분리과세
└ 주식 25%	KODEX 200	225,000	
└ 美 장기국채 25%	KODEX 미국30년 국채액티브(H)	225,000	
└ 금 25%	ACE KRX금현물	225,000	
└ 단기채 25%	KODEX 단기채권 PLUS	225,000	

항목명	금융 상품	금액 (원)	비고 – 실천 아이디어
IRP 추가 납입 * 올웨더 포트폴리오		300,000	세액공제 13.2~16.5% → 실효 수익률+α
└ 주식 30%	TIGER 200 / TIGER S&P500	90,000	
└ 美 장기국채 40%	KODEX 미국30년 국채액티브(H)	120,000	
└ 단기채 15%	KODEX 단기채권 PLUS	45,000	
└ 금 7.5%	TIGER 골드선물 (H)	22,500	
└ 원자재 7.5%	TIGER 원자재선물 Enhanced	22,500	
연금저축(개인) * 중위험 60:40 Balanced		300,000	주식·채권 변동성 8%대 목표
└ 주식 60%	KODEX 200	180,000	
└ 중기국채 40%	KODEX 단기채권 PLUS	120,000	
합계		3,000,000	투자·저축 50% / 생활비 40% / 비상금 10% 완성

포트폴리오
성과 확인

마지막 챌린지입니다. 여러분도 앞의 표를 참고해서 본인의 상황을 정리해보세요.

항목명	금융 상품	금액 (원)	비고 - 실천 아이디어
월급(세후)			
생활비	급여 통장 (시중은행)		
비상금 적립	단기채권 ETF or CMA		

ISA 중개형 * 영구 포트폴리오			
└ 주식 25%	주식형 ETF		
└ 美 장기국채 25%	장기채권 ETF		
└ 금 25%	금 ETF		
└ 단기채 25%	단기채권 ETF		
IRP 추가 납입 * 올웨더 포트폴리오			
└ 주식 30%	주식형 ETF		
└ 美 장기국채 40%	장기국채 ETF		
└ 단기채 15%	단기채권 ETF		
└ 금 7.5%	금 ETF		
└ 원자재 7.5%	원유 ETF		
연금저축(개인) * 중위험 60:40 Balanced			
└ 주식 60%	주식형 ETF		
└ 중기국채 40%	중기채(10년물) ETF		
합계			

KI신서 16134

머니하이의
예금 탈출 플랜

1판 1쇄 인쇄 2026년 2월 11일
1판 1쇄 발행 2026년 3월 11일

지은이 김형철(머니하이)
펴낸이 김영곤
펴낸곳 (주)북이십일 21세기북스

출판1본부 본부장 장미희
서가명강팀 팀장 양으녕 책임편집 이지연 마케팅 김주현
디자인 엘리펀트스위밍 교정교열 조유진
출판1본부 마케팅팀 남정한 김윤
마케팅영업부문 정지은 장철용 나은경 강경남 황성진 김도연 이정은
제작팀 이영민 권경민

출판등록 2000년 5월 6일 제406-2003-061호
주소 (10881) 경기도 파주시 회동길 201 (문발동)
대표전화 031-955-2100 팩스 031-955-2151 이메일 book21@book21.co.kr

(주)북이십일 경계를 허무는 콘텐츠 리더

21세기북스 채널에서 도서 정보와 다양한 영상자료, 이벤트를 만나세요!
페이스북 facebook.com/jiinpill21 　포스트 post.naver.com/21c_editors
인스타그램 instagram.com/jiinpill21 　홈페이지 www.book21.com
유튜브 youtube.com/book21pub

당신의 일상을 빛내줄 탐나는 탐구 생활 <탐탐>
21세기북스 채널에서 취미생활자들을 위한 유익한 정보를 만나보세요!